많은 학부모들이 선택한
독해력 향상의
길잡이

공습국어 초등독해는 2008년 첫 선을 보인 이래로 많은 학부모와 학생들로부터 남다른 관심과 사랑을 받고 있습니다. 공습국어 초등독해가 이렇게 짧은 시간 안에 초등 독해력 학습을 대표하는 교재로서 자리를 잡을 수 있었던 것은 아이들이 부담 없이 재미있게 공부할 수 있도록 놀이와 학습 요소를 적절히 배치하여 독해력 향상을 위해 꼭 알아야 할 필수 학습 내용을 쉽게 익힐 수 있도록 구성했기 때문입니다.

그런데 단계별로 교재의 수가 적어 서너 달이 지나면 더 이상 단계에 맞는 독해력 학습을 지속할 수 없는 문제가 있었습니다. 그렇다고 다음 단계로 넘어가는 것도 학년 수준에 맞지 않아 몇 달 동안 이어온 학습 흐름이 끊어질 수밖에 없었습니다.

이번에 추가로 독해력 교재를 출간하게 된 것은 각 단계에 맞는 독해력 학습을 적어도 1년 정도는 꾸준히 진행할 수 있게 하기 위해서입니다. 이렇게 함으로써 다음 단계를 학습할 때까지의 기간을 최소화하거나 바로 다음 단계로 넘어가더라도 큰 어려움 없이 적응할 수 있을 것입니다.

심화 교재는 기본 교재와는 다른 문제 유형으로 코너를 구성하였습니다. 이는 같은 유형을 반복함으로써 오는 지루함을 없애고 문제 풀이 방법이 관성화되는 것을 막기 위해서입니다. 또한 기존 독해력 교재에서 다루지 않았던 유형을 다룸으로써 글을 읽고 분석하는 능력을 좀 더 심화시키기 위해서입니다.

새로 출간한 공습국어 초등독해는 그간 독해력 교재를 이용해 온 학부모와 학생들의 의견을 반영한 산물입니다. 물론 새로운 교재 구성이나 내용을 모든 학부모와 학생이 만족스러워 할 것이라고 생각하지는 않습니다. 주니어김영사는 교재에 대한 질책과 격려 모두를 소중히 받아 안을 것입니다. 항상 열린 자세로 최대한 교재를 효과적으로 이용할 수 있도록 도와드릴 것이며 아울러 더 좋은 교재로 다가가기 위해 노력하겠습니다.

감사합니다.

공습국어 초등독해 학습 전략

"
공습국어 초등독해는 다양한 갈래의
글감 읽기를 통해 정독 습관을 길러주는
독해력 훈련 프로그램으로, 글의 구조와 내용을
파악하는 효과적인 절차와 방법을 습득함으로써
잘못된 읽기 습관을 바로 잡고 독해에 대한
자신감을 심어줍니다.
"

기본과 심화의 연속된 독해 학습 과정

공습국어 초등독해는 전 과정이 학년에 따라 나누어져 있습니다. 크게 1·2학년, 3·4학년, 5·6학년 3개의 과정으로 이루어져 있습니다. 그리고 각 과정별로 기본 Ⅰ·Ⅱ·Ⅲ, 심화 Ⅰ·Ⅱ·Ⅲ 단계로 구성되어 있습니다.

과정	단계	
1 · 2학년	기본	Ⅰ, Ⅱ, Ⅲ 단계
	심화	Ⅰ, Ⅱ, Ⅲ 단계
3 · 4학년	기본	Ⅰ, Ⅱ, Ⅲ 단계
	심화	Ⅰ, Ⅱ, Ⅲ 단계
5 · 6학년	기본	Ⅰ, Ⅱ, Ⅲ 단계
	심화	Ⅰ, Ⅱ, Ⅲ 단계

기본 단계와 심화 단계는 서로 다른 구성과 학습 목표를 가지고 있습니다. 기본 단계는 낱말이 가지고 있는 기본적인 의미와 다른 낱말과 관계를 파악하는 단계입니다. 심화 단계는 유추와 연상 활동을 통해 낱말이 가지는 다양한 의미를 알고 정확하게 낱말을 읽고 쓰는 단계입니다.

기본 단계와 심화 단계는 서로 동떨어져 있는 것이 아니라 연속된 훈련 단계입니다. 따라서 공습국어 초등독해를 처음 시작하는 경우는 기본 단계부터 순서대로 학습하는 것이 학습 효과를 극대화할 수 있습니다.

물론 공습국어 초등독해 기본 단계로 학습한 경험이 있다면 각 과정의 심화 단계를 공부해도 괜찮습니다. 하지만 1·2학년 과정에서 기본 단계를 학습하고 현재 3학년이나 4학년이 되었다면 3·4학년 과정의 심화 단계보다는 3·4학년 과정의 기본 단계부터 시작하거나, 1·2학년 과정의 심화 단계를 한 다음 3·4학년 과정의 기본 단계로 넘어가는 것이 좋습니다.

글밥지도를 통해 글의 짜임과
내용을 한눈에 파악한다!

공습국어 초등독해의 특징

 하나 마인드맵을 이용한 독해력 훈련

공습국어 초등독해는 효과적인 학습 방법으로 주목을 받고 있는 마인드맵을 이용하여 글감의 짜임과 내용을 분석하고 정리하는 방법을 제시하고 있습니다. 글감의 중심 생각이나 소재를 가운데에 놓고 이로부터 생각의 가지를 뻗어나가면서 세부 주제와 관련된 내용을 정리하다 보면 어느새 글감의 전체 구조와 내용을 한눈에 파악할 수 있을 것입니다.

 둘 국어 평가 방향에 맞춘 갈래별 문제 구성

글의 갈래는 크게 정서를 표현하는 글, 설득하는 글, 정보를 전달하는 글로 구분할 수 있습니다. 글은 갈래별로 표현하는 방식이나 목적이 다르기 때문에 글을 읽을 때 갈래별 특성에 맞게 읽어야 합니다. 초등 국어 교육 과정에서도 갈래별 특성에 맞는 글 읽기를 위해 글감의 갈래에 따른 평가 방향을 정하여 놓고 있는데, 공습국어 초등독해는 이러한 평가 방향에 맞추어 갈래별로 문제를 구성하였습니다.

 셋 사실적 이해와 비판적 이해를 위한 전략 제시

사실적 이해와 비판적 이해는 글감의 내용을 입체적으로 파악하기 위해 거쳐야 할 필수 과정입니다. 따라서 공습국어 초등독해에서는 '글밥지도 그리기' 꼭지를 통해 글감의 사실적 이해를 다루었으며, '끄덕끄덕 공감하기'와 '요목조목 따져보기'를 통해 비판적, 추론적 이해를 다루었습니다. 사실적 이해 단계는 각 문단별 중심 내용과 글의 짜임, 그리고 글 전체를 간추리며 글의 중심 생각을 파악하는 것이라고 한다면, 비판적 이해 단계는 글쓴이의 의도를 이해하고 내용의 적절성에 대한 주관적, 객관적 판단을 하는 것이라고 볼 수 있습니다.

 넷 재미있고 다양한 생활 밀착형 글감 구성

공습국어 초등독해는 설명하는 글이나 설득하는 글과 같이 독해를 위한 기본 글감 이외에도 일상생활에서 자주 보게 되는 광고문이나 기사문, 아이들이 직접 쓰는 일기, 보고문, 기록문, 감상문 등 여러 형식의 글감을 다양하게 싣고 있습니다. 이렇게 친숙한 소재와 형식의 글들은 독해에 대한 부담을 줄이고 재미있게 글을 읽을 수 있도록 도와줍니다.

마인드맵과 독해력

마인드맵은 영국의 언론인이자 교육심리학자인 토니 부잔(Tony Buzan)이라는 사람이 고안해낸 두뇌 계발 및 생각 정리의 기법입니다. 토니 부잔은 대학 시절 자신이 연구해야 할 분량이 점점 많아지자 이를 효과적으로 정리하고 기억할 수 있는 방법이 없는지 고민을 하게 됩니다. 이 당시 그가 방법을 찾기 위해 스스로에게 던진 질문을 보면 마인드맵이 어떤 유용한 역할을 수행할 수 있는지를 엿볼 수 있는데 몇 가지 질문의 예를 들자면 다음과 같은 것이 있었습니다.

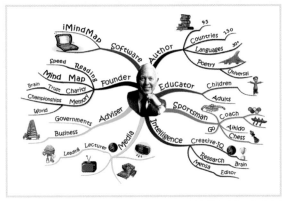

- 어떻게 배울 것인가?
- 사고의 본질은 무엇인가?
- 기억에 가장 도움이 되는 학습 기법은 무엇인가?
- 독서에 가장 도움이 되는 방법은 무엇인가?
- 창조적 사고에 가장 효과적인 학습 방법은 무엇인가?

▲ 토니 부잔의 마인드맵 이미지

토니 부잔이 스스로에게 던진 질문 가운데 '독서에 가장 도움이 되는 방법은 무엇인가?'라는 것이 있습니다. 이는 책을 읽고 책의 내용을 정리하는 방법으로서 마인드맵의 역할을 이미 고려하고 있었다는 것을 알 수 있습니다. 실제로 그의 바람대로 마인드맵은 책의 내용을 분석하고 정리하는 데 가장 효과적인 수단이 되고 있습니다.

마인드맵은 학습 방법으로도 그 효과가 매우 뛰어나 실제로 많은 학생들이 공부한 내용을 정리하는데 적극적으로 활용하고 있습니다. 〈공부 9단 오기 10단〉의 저자로 잘 알려진 박원희나 미스코리아 출신으로 하버드에 합격한 금나나 등 공부 잘하는 사람들의 공부 방법을 들여다보면 마인드맵을 비중 있게 활용하고 있음을 쉽게 확인할 수 있습니다.

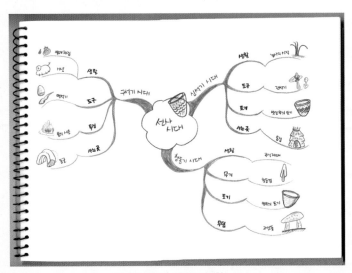

▲ 마인드맵으로 국사를 정리한 노트

마인드맵(Mind map)은 주제와 관련된 세부 내용들을 여러 갈래로 가지를 그려나가며 체계적으로 정리하는 것으로 학습 방법으로도 그 효과가 매우 뛰어나 실제로 많은 학생들이 공부한 내용을 정리하는데 적극적으로 활용하고 있습니다.

마인드맵을 그리는 방법은 토니 부잔의 마인드맵 이미지를 보면 알 수 있듯이 매우 간단합니다. 중심이 되는 주제나 생각을 가운데에 놓고 중심 생각과 관련 있는 주제들을 나뭇가지처럼 배열하면 됩니다. 만약 주제와 연관된 하위 주제나 생각이 있다면 상위 주제에 새로운 가지를 연결하여 내용을 적어주면 되는데 과장해서 표현하자면 생각의 가지는 새로운 주제나 내용이 있는 한 무한대로 연결할 수 있을 것입니다.

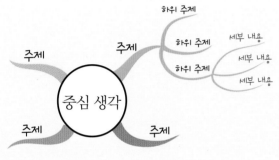
▲ 마인드맵을 그리는 기본적인 방법

그리고 마인드맵을 그릴 때 주제나 세부 내용과 관계된 도식이나 이미지를 첨부한다면 좀 더 풍부하고 재미있게 마인드맵을 꾸밀 수 있고 나중에 내용을 파악하는데도 많은 도움이 됩니다.

마인드맵의 가장 큰 장점은 세부적인 내용을 효과적으로 정리할 수 있는 것도 있지만 무엇보다도 전체적인 줄기를 파악할 수 있다는 것과 많은 내용 중 핵심적인 내용만 축약하여 한눈에 볼 수 있다는 것입니다.

이와 같은 장점은 앞에서도 언급했듯이 책의 내용을 분석하고 정리하는 데 매우 효과적입니다. 책에는 전달하고자 하는 주제가 있고, 이야기나 사건이 있으며, 그런 이야기나 사건을 구성하는 인물이나 배경, 그리고 다양한 정보들이 글의 구조와 인과 관계에 따라 촘촘히 배치되어 있습니다. 이렇게 많은 내용들을 종이 한 장에 정리해야 한다고 할 때 무엇을 어떻게 시작해야 할지 막막할 것입니다. 그러나 마인드맵을 그릴 수 있다면 짧은 시간 안에 핵심적인 내용들을 어렵지 않게 정리할 수 있습니다. 아래의 그림은 흥부와 놀부 이야기를

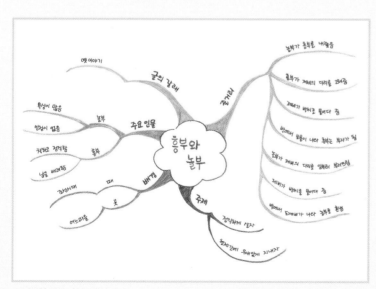
▲ 간단한 독서 마인드맵의 예

간단하게 마인드맵으로 정리해 본 것입니다. 글의 갈래마다 글의 내용을 파악하기 위한 기본적인 주제들이 있으므로 어떻게 주제를 잡아야 할지 모르겠다면 기본 주제들을 가지고 가지로 연결하면 누구나 쉽게 마인드맵을 그릴 수 있습니다.

공습국어 초등독해는 마인드맵을 통한 독해 훈련 워크북이라고 불릴 수 있을 만큼 글감의 짜임과 내용을 파악하는 방법으로 마인드맵을 적극적으로 활용하고 있습니다. 이 교재를 마칠 때쯤이면 어떤 책을 보던지 빈 종이에 책의 내용을 마인드맵으로 쉽고 정확하게 정리해 낼 수 있을 것입니다.

교재 구성 한눈에 보기

제시문

'꼼꼼히 집중하여 읽기'의 가장 첫 번째 활동은 바로 오늘 읽어야 할 글을 읽는 것입니다. 제시문은 이야기 글, 전래 동요, 극본 등 정서를 표현하는 글과 설명하는 글, 광고하는 글 등의 정보를 전달하는 글, 주장하는 글, 부탁(제안)하는 글 등의 설득하는 글로 이루어져 있으며 소재 및 주제 또한 다양하게 구성되어 있습니다.

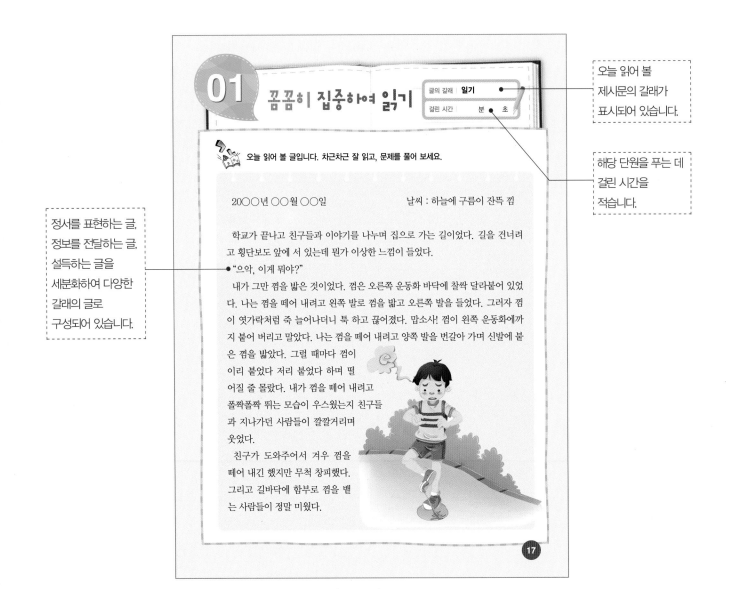

오늘 읽어 볼 제시문의 갈래가 표시되어 있습니다.

해당 단원을 푸는 데 걸린 시간을 적습니다.

정서를 표현하는 글, 정보를 전달하는 글, 설득하는 글을 세분화하여 다양한 갈래의 글로 구성되어 있습니다.

공습국어 초등독해는 모두 30회 과정으로 구성되어 있습니다. 꼼꼼히 집중하여 읽기는 각 회별로 다양한 갈래 폭넓은 주제를 다룬 제시문과 앞에서 읽은 글의 내용을 마인드맵으로 그리며 정리하는 '글밥지도 그리기', 사실적 이해력과 비판적 이해력, 그리고 추론 능력을 향상시킬 수 있는 '끄덕끄덕 공감하기', '요목조목 따져보기'로 구성되어 있습니다.

글밥지도 그리기

앞에서 읽은 글의 내용 및 구조를 마인드맵으로 그려 보는 꼭지입니다. 핵심적인 단어와 문장을 정리해 본 다음, 글의 짜임, 문단, 순서, 구성을 살펴보고 글과 어울리는 제목을 찾아볼 수 있도록 구성되어 있습니다.

주제 찾기
글의 중심 소재나 주제, 인물 등을 보기에서 찾아봅니다. 주제 상자에는 주제를 찾는 데 힌트가 되는 이미지가 삽입되어 있어 보다 쉽게 문제를 해결할 수 있습니다.

글밥지도 채우기
글의 내용 중 핵심적인 단어나 문장을 보기에서 찾아봅니다.

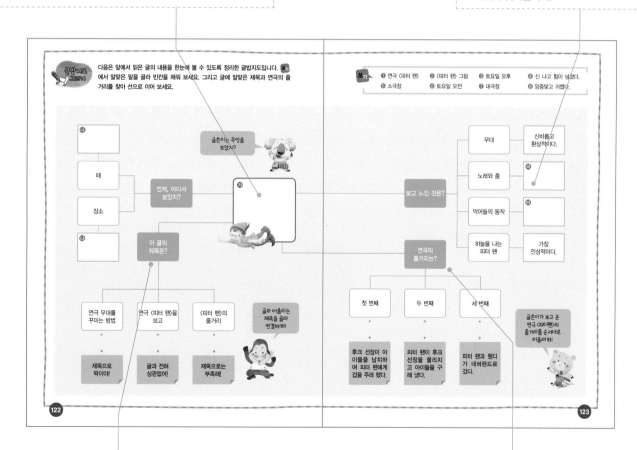

제목 찾기
글에 가장 알맞은 어울리는 제목을 찾아 선으로 연결해 봅니다. 글의 제목은 글쓴이의 중심 생각이 들어 있는 핵심적인 내용이므로 글과 제목 후보와의 관계에 대해 고민하는 사이에 사고력과 글의 핵심을 찾아내는 감각을 동시에 기를 수 있습니다.

구성 파악하기
글의 짜임과 구성, 사건의 순서, 문단과 문단의 관계 및 문단의 내용을 정리해 선으로 연결해 봅니다. 이 과정을 통해 글의 흐름이나 구성을 한눈에 파악할 수 있습니다.

끄덕끄덕 공감하기, 요목조목 따져보기

제시문을 읽고 글밥지도를 그리며 파악한 글의 내용과 주제에 대해 다시 한번 생각하고 정리해 봅니다. 제시문의 갈래가 정서를 표현하는 글일 경우에는 '끄덕끄덕 공감하기', 논리적인 글일 경우에는 '요목조목 따져보기' 꼭지를 활동해 봅니다.

'끄덕끄덕 공감하기' 꼭지의 첫 번째 문항에서는 등장인물의 생각이나 느낌을 정리하거나, 그것에 대한 나의 의견이나 비슷한 경험에 대해 짧게 적습니다. 등장인물에 대해 공감하고, 이해한 다음 이것을 바탕 나의 생각 및 태도와 연결 지어 보며 공감적 이해력 및 창의력을 기를 수 있습니다.

끄덕끄덕 공감하기와 요목조목 따져보기 꼭지의 두 번째 문항은 모두 글을 읽고 바른 의견 또는 바르지 못한 의견을 낸 친구를 찾아내는 사지선다형 활동입니다. 이를 통해 앞서 읽은 글의 내용을 정리하며 비판적 이해력과 추론적 이해력을 향상시킬 수 있습니다.

'요목조목 따져보기' 꼭지의 첫 번째 문항에서는 앞에서 읽은 글의 구조와 내용을 확인하거나, 글쓴이의 주장과 근거를 따져 봅니다. 이를 통해 사실적 이해력을 넘어 비판적 사고력을 기를 수 있습니다.

공습국어 초등독해의 지문 구성 및 읽기 전략

> 공습국어 초등독해의 특징은 갈래별 글읽기입니다.
> 각 회에 수록된 제시문은 크게 정서를 표현하는 글과
> 논리적인 글로 나누어볼 수 있습니다.
> 공습국어 초등독해의 지문 구성과 이에 따른
> 갈래별 읽기 전략은 다음과 같습니다.

하나 · 공습국어 초등독해 지문 구성

공습국어 초등독해 지문은 크게 정서를 표현하는 글과 논리적인 글로 나뉘어 골고루 수록되어 있습니다. 1·2학년의 경우 두 갈래의 비중이 같고, 5·6학년의 경우 논리적인 글의 수가 더 많습니다.

정서를 표현하는 글				
이야기 글	읽기·편지	감상문	기행문	동요·동시·시조

논리적인 글				
설득하는 글		정보를 전달하는 글		
주장(설득)하는 글	부탁(제안)하는 글	설명하는 글	보고하는 글	광고하는 글

둘 · 갈래별 읽기 전략

공습국어 초등독해에서는 초등교육과정을 바탕으로 다음과 같이 갈래별 읽기 전략을 제시하고 활동을 구성하였습니다.

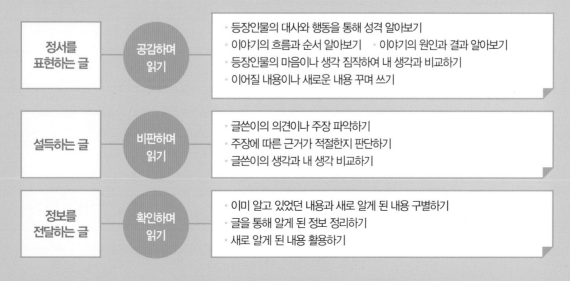

정서를 표현하는 글	공감하며 읽기	· 등장인물의 대사와 행동을 통해 성격 알아보기 · 이야기의 흐름과 순서 알아보기 · 이야기의 원인과 결과 알아보기 · 등장인물의 마음이나 생각 짐작하여 내 생각과 비교하기 · 이어질 내용이나 새로운 내용 꾸며 쓰기
설득하는 글	비판하며 읽기	· 글쓴이의 의견이나 주장 파악하기 · 주장에 따른 근거가 적절한지 판단하기 · 글쓴이의 생각과 내 생각 비교하기
정보를 전달하는 글	확인하며 읽기	· 이미 알고 있었던 내용과 새로 알게 된 내용 구별하기 · 글을 통해 알게 된 정보 정리하기 · 새로 알게 된 내용 활용하기

글밥지도 그리기는 이렇게 풀어요!

❶ 글밥지도를 그리기 전, 지시문을 꼼꼼하게 살펴보세요. 빈칸을 채워넣는 활동은 매회 반복되지만 제목과 글의 구조, 글의 흐름을 파악하는 활동은 회마다 조금씩 차이가 있기 때문에 지시문을 잘 살펴 보아야 합니다.

❷ 지시문을 이해한 다음엔 글밥지도의 중심이 될 단어를 찾습니다. 주제 상자 옆이나 위에 놓인 지시문을 잘 읽고 정답을 보기에서 찾아 써 봅니다. 이야기의 등장인물, 글의 중심 소재 및 주제, 시의 화자나 지은이가 주로 글밥지도의 중심에 놓이게 됩니다. 이때 주제 상자에 그려진 이미지가 정답의 힌트가 되니 참고하세요.

❹ 글밥지도의 모든 빈칸을 채웠다면, 다음으로 글에 어울리는 제목을 찾아 선으로 연결해 봅니다.

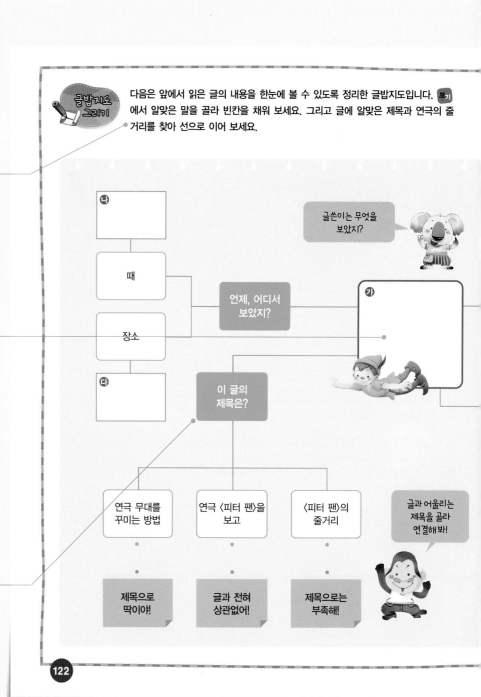

글밥지도 그리기

다음은 앞에서 읽은 글의 내용을 한눈에 볼 수 있도록 정리한 글밥지도입니다. 보기에서 알맞은 말을 골라 빈칸을 채워 보세요. 그리고 글에 알맞은 제목과 연극의 줄거리를 찾아 선으로 이어 보세요.

글쓴이는 무엇을 보았지?

언제, 어디서 보았지?

이 글의 제목은?

글과 어울리는 제목을 골라 연결해 봐!

때

장소

연극 무대를 꾸미는 방법

연극 〈피터 팬〉을 보고

〈피터 팬〉의 줄거리

제목으로 딱이야!

글과 전혀 상관없어!

제목으로는 부족해!

'글밥지도 그리기'는 오늘 읽은 제시문을 마인드맵 형식의 글밥지도로 표현해 보는 활동입니다. 가장 핵심적이었던 단어, 인물을 주제로 삼아 마인드맵의 형식으로 글의 내용을 체계적으로 정리해 본 다음, 글의 제목과 짜임에 대해 생각해 봅니다. 글밥지도에는 제시문에서 다루어진 중요한 내용을 확인하는 4~8개의 빈칸과 제목 찾기, 문단 내용 찾기 등 1~2가지의 선 긋기 활동이 있습니다.

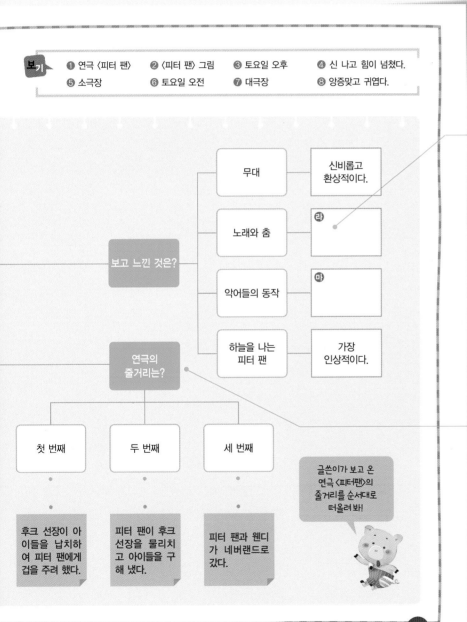

보기
① 연극 〈피터 팬〉 ② 〈피터 팬〉 그림 ③ 토요일 오후 ④ 신 나고 힘이 넘쳤다.
⑤ 소극장 ⑥ 토요일 오전 ⑦ 대극장 ⑧ 앙증맞고 귀엽다.

무대 — 신비롭고 환상적이다.
노래와 춤 — 라
악어들의 동작 — 마
하늘을 나는 피터 팬 — 가장 인상적이다.

보고 느낀 것은?

연극의 줄거리는?
첫 번째 — 후크 선장이 아이들을 납치하여 피터 팬에게 겁을 주려 했다.
두 번째 — 피터 팬이 후크 선장을 물리치고 아이들을 구해 냈다.
세 번째 — 피터 팬과 웬디가 네버랜드로 갔다.

글쓴이가 보고 온 연극 〈피터팬〉의 줄거리를 순서대로 떠올려 봐!

③ 글밥지도의 중심 단어를 찾았다면, 다음으로 글의 주요 내용들을 살펴봅니다. 글의 내용을 정리한 글밥지도의 가지에 놓인 ⑭~⑰의 빈칸을 보기에서 알맞은 단어를 골라 채웁니다. 이때 반드시 ⑭~⑰의 순서대로 빈칸을 채워야 하며, 될 수 있으면 번호와 단어 또는 문장을 모두 적는 것이 좋습니다. 정답 상자의 공간이 부족하다면 번호만 적도록 합니다. 빈칸에 들어갈 말이 헷갈릴 경우에는 같은 가지에 놓인 다른 단어나 문장을 참고하면 보다 쉽게 해결할 수 있습니다.

⑤ 글의 흐름이나, 구성, 글의 짜임을 확인하여 선으로 연결해 봅니다. 문학적인 글에서는 사건의 순서와 발단 – 전개 – (위기) – 절정 – 결말의 이야기의 구성을 주로 살펴보고, 논리적인 글에서는 처음 – 가운데 – 끝의 글의 구조나 문단의 내용을 주로 따져봅니다. 필요하다면 제시문을 다시 한번 읽어보며 풀이해도 좋습니다.

끄덕끄덕 공감하기, 요목조목 따져보기는 이렇게 풀어요!

끄덕끄덕 공감하기 활동 보기

1 글쓴이는 친구들과 이야기를 나누며 집으로 가다가 껌을 밟았습니다. 이 글에서 글쓴이의 마음이 어떻게 변하고 있는지 보기에서 골라 답해 보세요.

등장인물 (또는 글쓴이)의 마음이나 느낌을 파악하는 활동입니다. 보기에서 알맞은 단어를 골라 쓰거나, 체크박스에 ∨표 합니다.

제시문에서 살펴본 전래 동요와 동시 등을 새롭게 창작해 봅니다. 보기를 이용한 활동이지만 정답이 없으므로 어린이 스스로 다양한 표현을 사용해 보는 것도 좋습니다.

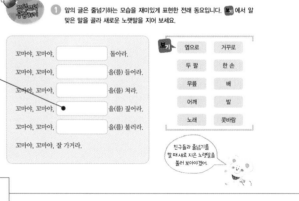

1 앞의 글은 줄넘기하는 모습을 재미있게 표현한 전래 동요입니다. 보기에서 알맞은 말을 골라 새로운 노랫말을 지어 보세요.

1 글쓴이는 처음으로 혼자 실내화를 빨고 마음이 뿌듯했다고 했습니다. 친구들도 다른 사람의 도움을 받지 않고 스스로 무엇인가를 하고 뿌듯했던 경험이 있나요? 말풍선 안에 써 보세요.

등장인물 (또는 글쓴이)의 생각과 느낌, 경험을 알아보고, 자신의 생각과 경험을 간단히 써 봅니다.

정서를 표현하는 글에 해당하는 제시문을 읽은 다음에는 '끄덕끄덕 공감하기' 꼭지를, 논리적인 글에 해당하는 제시문을 읽은 다음에는 '요목조목 따져보기' 꼭지를 공부합니다. 앞의 두 꼭지는 각각 2가지 활동으로 구성되어 있습니다.

'끄덕끄덕 공감하기'의 경우 등장인물들의 성격이나 느낌 파악하기, 등장인물의 입장이 되어 생각해 보기, 새롭게 창작하기 등의 활동이 주를 이루며, '요목조목 따져보기'의 경우 글의 구조 정리하기, 요약하기, 글쓴이의 주장과 근거 따져보기, 글을 통해 알게 된 정보 활용하기 등의 활동으로 구성되어 있습니다.

요목조목 따져보기 활동 보기

주장하는 글을 읽은 후, 글쓴이가 제기한 문제 상황과 주장 그리고 알맞은 근거를 정리해 보는 활동입니다. 주장을 뒷받침하는 또는 뒷받침하지 못하는 근거를 찾아 체크박스에 ○표 또는 ∨표를 합니다.

① 글쓴이는 자신의 주장을 뒷받침하기 위해 어떤 까닭을 들었나요? 알맞은 까닭을 찾아 ○표 해 보세요.

문제 상황	일회용품을 아무 생각 없이 사용하고 있다.	
주장	일회용품 사용을 줄이자.	
까닭	① 일회용품은 편리하다.	
	② 일회용품 때문에 자원이 낭비된다.	
	③ 일회용품 사용은 환경을 오염시킨다.	

글쓴이가 일회용품을 사용하지 말자고 한 까닭은 무엇무엇이지?

① 다음은 글쓴이가 거미 박물관을 다녀와서 새롭게 알게 된 것을 정리한 것입니다. 잘못 정리한 것을 찾아 ∨표 해 보세요.

새롭게 알게 된 것	
① 거미의 엉덩이를 건드리면 거미가 앞으로 움직인다.	
② 거미줄은 가늘고 질기다.	●
③ 거미 한 마리가 1년 동안 약 30만 마리의 해충을 잡아먹는다.	
④ 거미줄로 수술용 실이나 방탄조끼를 만든다.	
⑤ 모든 거미가 독을 가지고 있다.	

글쓴이가 거미 박물관에서 보고 들은 것들이 섞여 있어. 그 중 잘못된 것을 찾아봐.

설명하는 글이나 소개하는 글을 읽은 다음 글에 담긴 정보를 확인합니다. 글에서 다루고 있는 정보들을 정리하고 자신이 알고 있었던 정보와 몰랐던 정보를 정리할 수 있습니다. 지시문에 따라 ○표 또는 ∨표 합니다.

공통 활동 보기

제시문을 바르게 이해한 사람 또는 바르지 않게 이해한 사람을 고르는 활동입니다. 사실적 이해력, 비판적 이해력을 측정할 수 있으며 보기를 읽어 본 후 지시문에 따라 정답 번호를 적습니다.

② 다음은 앞의 글을 읽은 친구들의 대화입니다. 가장 바르지 못한 의견을 내고 있는 친구는 누구인가요?

① 나중에 이 일기를 읽어 보면 오늘 있었던 일과 느낌이 생생하게 기억날 거야.

② '하늘에 구름이 잔뜩 낌.'이라고 쓴 것을 보니 날씨가 잔뜩 흐렸나 봐.

③ 다른 사람에게 일기를 읽을 수도 있으니까 높임말로 써야 해.

④ 껍이 늘어난 모습을 '엿가락처럼 죽 늘어났다.'고 실감나게 표현하였어.

꾸준함이 독해력을 키우는
가장 좋은 방법입니다!

공습국어
초등독해의 활용

하나 처음 일주일 정도는 아이와 함께 하세요

공습국어 초등독해의 코너 구성과 문제 유형을 아이가 이해할 수 있도록 일주일 정도는 아이와 함께
문제를 풀어보세요. 각각의 문제 유형을 설명해주고, 채점을 통해 아이에게 미진한 부분이 있으면 다시
설명해주면서 아이가 혼자서도 충분히 문제를 해결할 수 있도록 도와주세요.

둘 꾸준히 학습할 수 있는 환경을 만들어 주세요

매일 1회분씩 학습 진도를 나가는 것이 가장 이상적이긴 하지만 현실적으로 불가능한 경우가 많습니다.
따라서 매일이 아니더라도 꾸준히 교재를 볼 수 있도록 학습 스케줄을 잡아 주세요. 이때 부모님이
일방적으로 결정하지 마시고 아이와 충분히 상의하여 가능한 아이의 의견이 반영되도록 해주세요.
그래야만이 학습 과정에 대한 아이의 주체적 참여를 유도할 수 있습니다.

셋 기본 단계부터 순서대로 학습할 수 있도록 해 주세요

공습국어 초등독해 심화 단계는 문제 유형이나 내용이 기본 단계에 비해 다소 복잡하거나 어렵습니다.
따라서 독해력 학습을 처음 시작하는 경우라면 기본 단계부터 순서대로 교재를 보는 것이 좋습니다. 물론
이전에 독해력 교재를 보았거나 국어 실력이 상위권이라면 심화 단계부터 시작해도 괜찮습니다.

넷 문제 풀이에 걸리는 적정한 시간은 10분 내외입니다

공습국어 초등독해 1회분에 해당하는 문제를 푸는 데 걸리는 시간은 대략 10분 정도면 충분합니다. 하지만
교재의 문제 유형이 익숙하지 않은 초반에는 이보다 시간이 더 걸릴 수도 있습니다. 따라서 일정 기간
동안은 문제 풀이 시간에 구애 받지 않고 아이가 편하게 문제를 풀면서 교재에 적응할 수 있도록 배려해
주세요.

차례
Contents

" 공습국어를 시작하며

이제 본격적인 독해력 공부를 시작하게 돼요.

크게 숨을 한 번 내쉬면서 마음을 가다듬어 보세요.

책을 끝까지 볼 수 있을까? 문제가 어렵지는 않을까? 하는 걱정이

들기도 하겠지만 막상 시작해보면 괜한 걱정이었다 싶을 거예요.

한 번에 밥을 많이 먹으면 탈이 날 수 있는 것처럼

하루에 1회씩만 꾸준히 풀어 보세요.

그러다 보면 어느새 독해력이 무럭무럭 자라나

있는 걸 볼 수 있을 거예요.

자 그럼 이제 출발해 볼까요?

"

 오늘 읽어 볼 글입니다. 차근차근 잘 읽고, 문제를 풀어 보세요.

20○○년 ○○월 ○○일   날씨 : 바람이 살랑살랑

"엄마, 선생님께서 실내화를 깨끗이 빨아서 월요일에 가져오래요."

집에 오자마자 엄마께 오늘 숙제를 말씀드렸다. 엄마는 대야에 실내화를 담가
놓으라고 하셨다. 신발주머니에서 실내화를 꺼내 대야에 담가 놓는데 실내화가
너무 더러워서 하얀 실내화가 마치 회색 실내화 같았다.

한참 후, 화장실에 갔는데 실내화가 그대로 있었다. 엄마께서 낮잠을 주무시느
라 깜박하신 모양이다. '내가 한번 빨아 볼까?' 하는 생각이 들었다. 나는 솔에
비누를 묻혔다. 그리고 실내화의 윗부분을 문지르자 조금씩 깨끗해졌다. 이번에
는 깔창을 꺼내 문질렀다. 너무 더러워서 한참 동안 문지르자 조금씩 깨끗해졌
다. 마지막으로 실내화 바닥을 닦고 물로 헹구었더니 실내화가 하얘졌다. 나머지
한 짝도 똑같이 빨아서 베란다에
널었다.

운동화를 빠느라 팔도 아프고
옷도 다 젖었지만, 처음으로 혼자
실내화를 빨았다고 생각하니
마음이 뿌듯했다.

❶ **깔창** : 신발의 바닥에 까는 물건

다음은 앞에서 읽은 글의 내용을 한눈에 볼 수 있도록 정리한 글밥지도입니다. 보기에서 알맞은 말을 골라 빈칸을 채워 보세요. 그리고 글에 알맞은 제목을 찾아 선으로 이어 보세요.

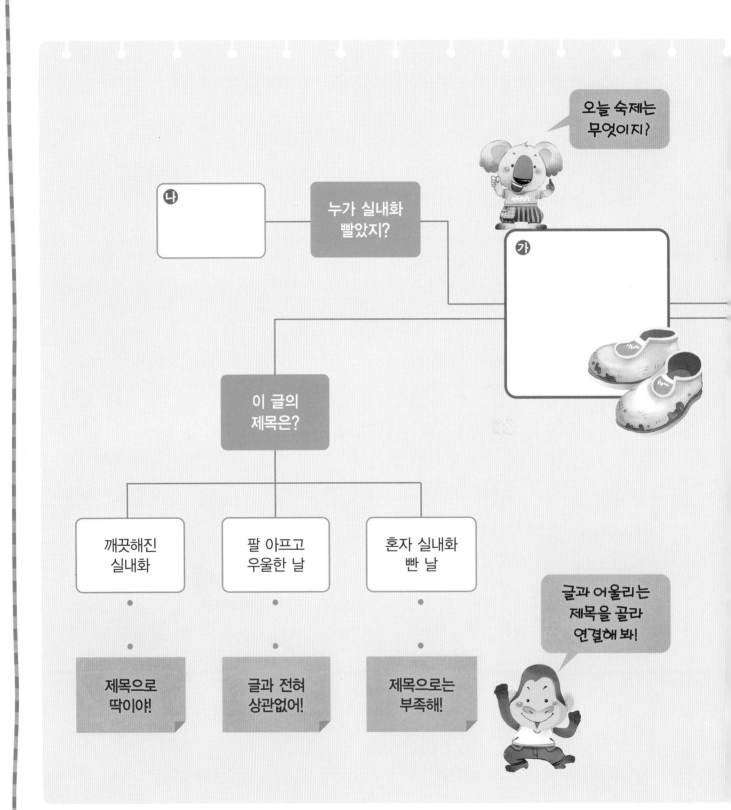

오늘 숙제는 무엇이지?

나

누가 실내화 빨았지?

가

이 글의 제목은?

깨끗해진 실내화

팔 아프고 우울한 날

혼자 실내화 빤 날

글과 어울리는 제목을 골라 연결해 봐!

제목으로 딱이야!

글과 전혀 상관없어!

제목으로는 부족해!

① 검은색   ② 실내화 빨기   ③ 나

④ 엄마   ⑤ 실내화의 먼지 털기   ⑥ 실내화의 깔창 닦기

⑦ 물로 헹구기   ⑧ 하얀색

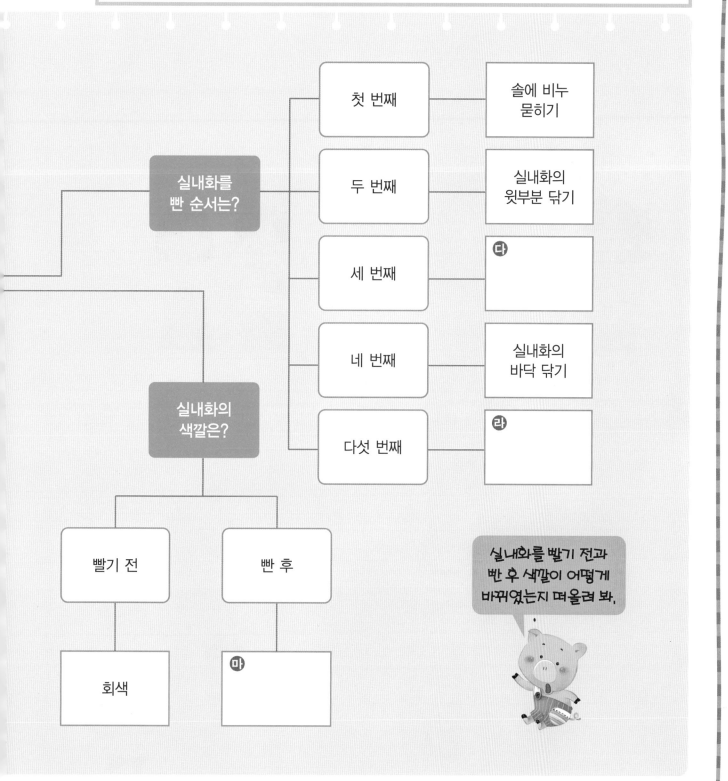

실내화를 빤 순서는?	첫 번째	솔에 비누 묻히기
	두 번째	실내화의 윗부분 닦기
	세 번째	다
	네 번째	실내화의 바닥 닦기
	다섯 번째	라

실내화의 색깔은?

| 빨기 전 | 빤 후 |
| 회색 | 마 |

실내화를 빨기 전과 빤 후 색깔이 어떻게 바뀌었는지 떠올려 봐.

1 글쓴이는 처음으로 혼자 실내화를 빨고 마음이 뿌듯했다고 했습니다. 친구들도 다른 사람의 도움을 받지 않고 스스로 무엇인가를 하고 뿌듯했던 경험이 있나요? 말풍선 안에 써 보세요.

엄마의 도움을 받지 않고
나 혼자 실내화를 빨았을 때
정말 뿌듯했어.

2 다음은 앞의 글을 읽은 친구들의 대화입니다. 가장 바르지 <u>못한</u> 의견을 내고 있는 친구는 누구인가요?

① 나도 엄마가 안 계실 때 설거지를 한 적이 있어. 엄마가 무척 기뻐하셨지.

② 글쓴이는 실내화를 빨다가 옷이 다 젖어서 엄마한테 혼났을 거야.

③ 실내화가 너무 더러워서 마치 회색 실내화 같다고 한 표현이 재미있어.

④ 글쓴이는 월요일에 깨끗한 실내화를 학교에서 신을 수 있겠구나.

 오늘 읽어 볼 글입니다. 차근차근 잘 읽고, 문제를 풀어 보세요.

친구들, 안녕? 내 이름은 최형기야. 직업은 수의사란다.

수의사는 어떤 일을 하는 사람인지 궁금하지? 너희가 몸이 아프면 병원에 가듯이 동물들은 몸이 아프면 동물 병원에 간단다. 수의사는 아픈 동물들을 치료하고 낫게 해 주는 일을 해. 수의사는 아픈 동물들에게 사람처럼 약도 지어 주고, 검사도 하지. 또, 동물들이 병에 걸리지 않도록 예방 접종을 하고, 아주 심한 병에 걸린 동물들을 수술하기도 한단다. 강아지나 고양이 같은 작은 애완동물부터 호랑이, 사자, 악어 같은 큰 동물들도 수의사의 손길이 필요하지.

나는 어렸을 때부터 동물을 무척 좋아했어. 그래서 아픈 동물들을 치료해 주는 수의사가 된 거란다. 수의사가 되려면 공부를 열심히 하는 것도 중요하지만 무엇보다도 동물을 사랑하는 마음을 가져야 해. 동물들은 말을 할 수는 없지만 사람처럼 감정을 느끼는 소중한 생명체이기 때문이란다.

❶ **생명체** : 생명이 있는 물체

다음은 앞에서 읽은 글의 내용을 한눈에 볼 수 있도록 정리한 글밥지도입니다. 보기 에서 알맞은 말을 골라 빈칸을 채워 보세요. 그리고 글에 알맞은 제목을 찾아 선으로 이어 보세요.

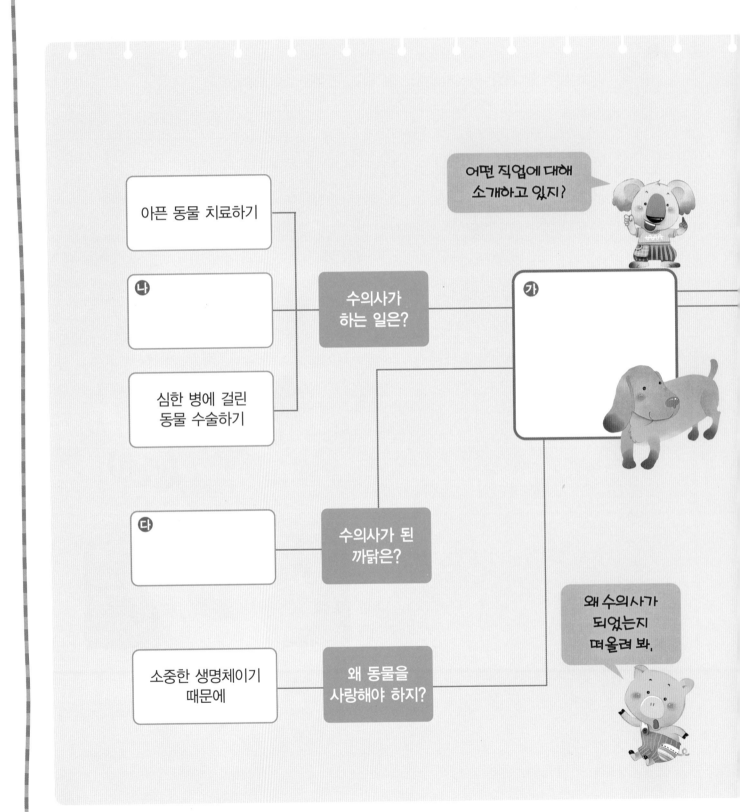

어떤 직업에 대해 소개하고 있지?

아픈 동물 치료하기

나

수의사가 하는 일은?

가

심한 병에 걸린 동물 수술하기

다

수의사가 된 까닭은?

왜 수의사가 되었는지 떠올려 봐.

소중한 생명체이기 때문에

왜 동물을 사랑해야 하지?

보기
① 수의사　　　　② 의사　　　　③ 동물에게 예방 접종하기
④ 동물을 좋아해서　　⑤ 돈을 많이 벌어서　　⑥ 동물 기르기
⑦ 동물을 사랑하는 마음 갖기　　⑧ 동물 병원 구경하기

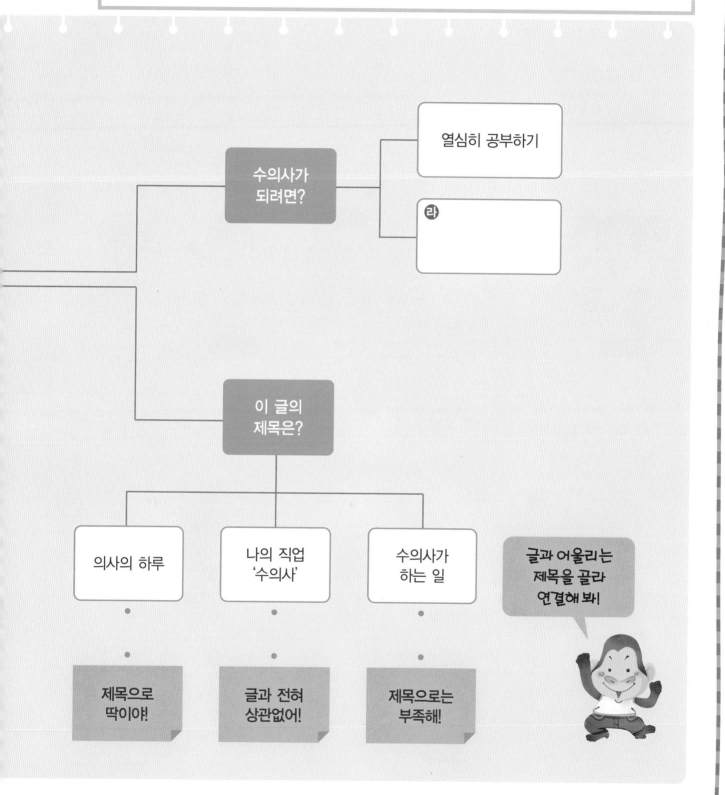

수의사가 되려면?

열심히 공부하기

라

이 글의 제목은?

의사의 하루

나의 직업 '수의사'

수의사가 하는 일

글과 어울리는 제목을 골라 연결해 봐!

제목으로 딱이야!

글과 전혀 상관없어!

제목으로는 부족해!

23

1 다음은 장래 희망과 그것이 되고 싶은 까닭을 쓴 것입니다. 친구들의 장래 희망과 그 까닭은 무엇인지 빈칸에 써 보세요.

---

1. 장래 희망 :

   피아니스트

2. 까닭 :

   사람들에게 아름다운 음악을 들려주고 싶어서

---

1. 장래 희망 :

   만화영화 감독

2. 까닭 :

   아이들에게 재미와 감동을 주고 싶어서

---

1. 장래 희망 :

2. 까닭 :

---

2 다음은 앞의 글을 읽은 친구들의 대화입니다. 가장 바르지 <u>못한</u> 의견을 내고 있는 친구는 누구인가요?

① 수의사는 강아지나 고양이 같이 몸집이 작은 애완동물만 치료할 수 있어.

② 사람은 아프면 의사에게, 동물은 아프면 수의사에게 진료를 받으면 돼.

③ 평소에 수의사가 어떤 일을 하는지 궁금했는데, 이 글을 읽고 잘 알게 되었어.

④ 수의사가 되려면 무엇보다 동물을 사랑하는 마음을 갖는 게 중요하구나.

 오늘 읽어 볼 글입니다. 차근차근 잘 읽고, 문제를 풀어 보세요.

독서의 계절인 가을이 되었다. 그래서 책을 많이 읽은 위인으로 유명한 세종 대왕에 대한 책인 〈독서왕 세종 대왕〉을 읽어 보았다.

세종 대왕은 한글을 만들고, 측우기와 해시계 등 많은 과학 기구를 발명하셨다. 어린 시절, 세종 대왕이 밤낮을 가리지 않고 책을 읽다가 눈병이 나자, 아버지인 태종은 세종의 건강이 걱정되어 책을 모두 빼앗았다. 세종 대왕은 왕이 되어서도 책 읽는 것을 게을리하지 않았다. 오히려 책을 너무 많이 읽어서 신하들이 말릴 정도였다. 세종 대왕은 같은 책을 몇 번씩 반복해서 읽고, 여러 번 생각하는 방법으로 책을 읽었다. 책을 반복해서 읽으면 처음에 지나쳤던 것을 발견하고, 새롭게 생각할 수 있기 때문이다.

세종 대왕이 많은 업적을 남길 수 있었던 것은 독서의 힘 덕분이었던 것 같다. 그동안 책을 읽으면 졸리고 따분하다며 게임만 했던 내가 부끄럽게 느껴졌다. 세종 대왕의 독서 습관을 본받아 책을 여러 번 읽고 여러 번 생각하는 독서 태도를 가져야겠다.

다음은 앞에서 읽은 글의 내용을 한눈에 볼 수 있도록 정리한 글밥지도입니다. 보기 에서 알맞은 말을 골라 빈칸을 채워 보세요. 그리고 글에 알맞은 제목을 찾아 선으로 이어 보세요.

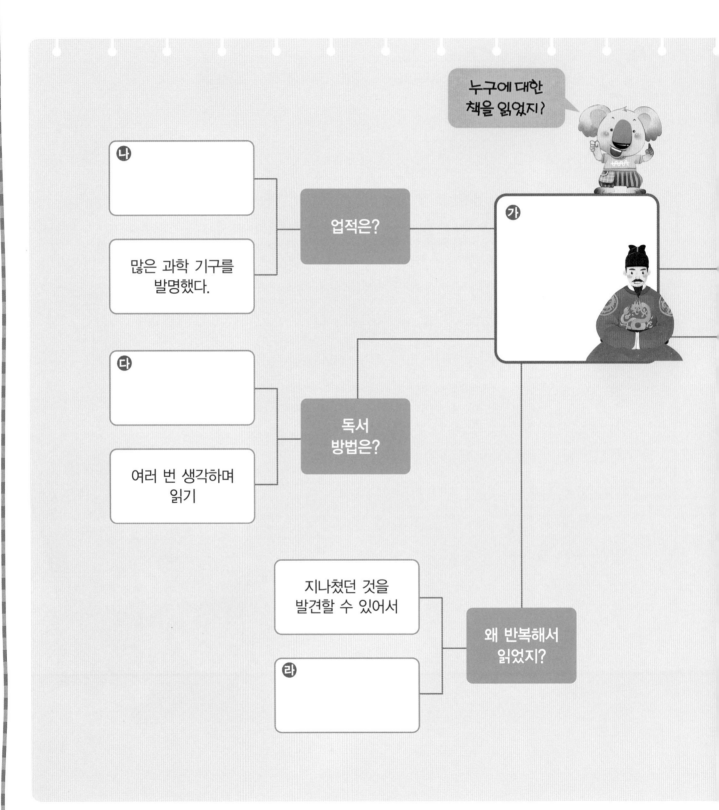

누구에 대한 책을 읽었지?

나

많은 과학 기구를 발명했다.

업적은?

가

다

여러 번 생각하며 읽기

독서 방법은?

지나쳤던 것을 발견할 수 있어서

왜 반복해서 읽었지?

라

보기
❶ 세종 대왕　　　　❷ 태종　　　　❸ 한글을 만들었다.
❹ 몇 번씩 반복해서 읽기　　❺ 빠르게 읽기　　❻ 다른 책이 싫어서
❼ 새롭게 생각할 수 있어서　　❽ 독서 습관

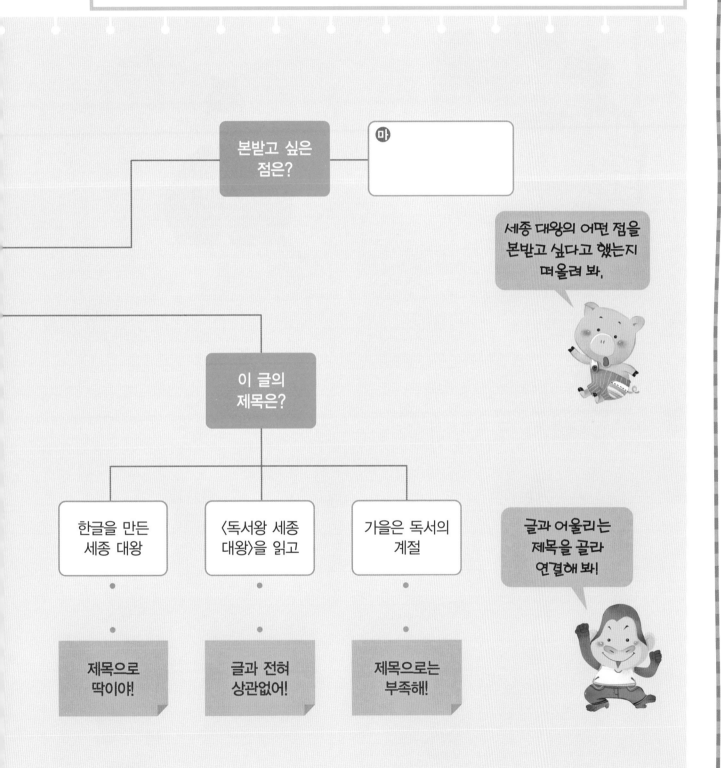

본받고 싶은 점은?

마

세종 대왕의 어떤 점을 본받고 싶다고 했는지 떠올려 봐.

이 글의 제목은?

한글을 만든 세종 대왕

〈독서왕 세종 대왕〉을 읽고

가을은 독서의 계절

글과 어울리는 제목을 골라 연결해 봐!

제목으로 딱이야!

글과 전혀 상관없어!

제목으로는 부족해!

1 어린 시절의 세종 대왕과 왕이 된 세종 대왕에게 어떤 별명을 붙여 주고 싶나요? **보기**에서 자유롭게 골라 답해 보세요.

① _____

② _____

보기

| 책벌레 | 발명왕 | 독서왕 | 연구 대장 |

2 다음은 앞의 글을 읽은 친구들의 대화입니다. 가장 바르지 <u>못한</u> 의견을 내고 있는 친구는 누구인가요?

① 책을 읽다가 눈병이 날 정도였다니, 세종 대왕은 어린 시절부터 책 읽기를 좋아했구나.

② 세종 대왕이 한글을 만들고 많은 과학 기구를 발명할 수 있었던 것은 독서 덕분이야.

③ 책을 멀리 했던 내가 부끄럽게 느껴져. 세종 대왕의 독서 습관을 본받고 싶어.

④ 같은 책을 여러 번 반복해서 읽으면 지루해. 책은 한 번만 읽는 게 좋아.

오늘 읽어 볼 내용입니다. 차근차근 잘 읽고, 문제를 풀어 보세요.

예린이에게

안녕하세요? 난 척척 선생님이에요.

예린이의 편지를 잘 읽어 보았어요. 예린이의 가장 큰 고민은 친구들에게 인기가 없다는 것이군요. 집에 갈 때도 혼자 가고, 친구들의 생일 파티에도 초대받지 못했다니 정말 속상했겠어요. 누구나 친구들에게 인기 있는 친구가 되고 싶을 거예요.

지금부터 인기 있는 친구가 되는 방법을 선생님이 알려 줄게요. 인기 있는 친구가 되려면 항상 밝은 표정을 지어야 해요. 표정이 어두우면 옆에 있는 사람의 기분도 안 좋아지거든요. 또, 깔끔한 외모도 중요해요. 옷이 지저분하거나 몸을 안 씻어 냄새가 나면 친구들이 가까이 오고 싶지 않겠죠? 그리고 성실한 친구가 되어 보세요. 공부도 열심히, 청소도 열심히, 노는 것도 열심히 하는 거예요. 그러면 친구들이 예린이의 성실함을 칭찬해 줄 거예요. 그리고 잘난 척을 하지 않아야 해요. 예쁜 척, 부자인 척, 똑똑한 척하면 친구들이 싫어하거든요. 마지막으로 다른 친구들을 잘 도와주세요. 어때요? 할 수 있겠죠? 선생님이 말한 방법대로 한다면 예린이도 곧 인기 많은 친구가 될 수 있을 거예요.

○○월 ○○일
척척 선생님 씀

다음은 앞의 글의 내용을 한눈에 볼 수 있도록 정리한 글밥지도입니다. 보기에서 알맞은 말을 골라 빈칸을 채워 보세요.

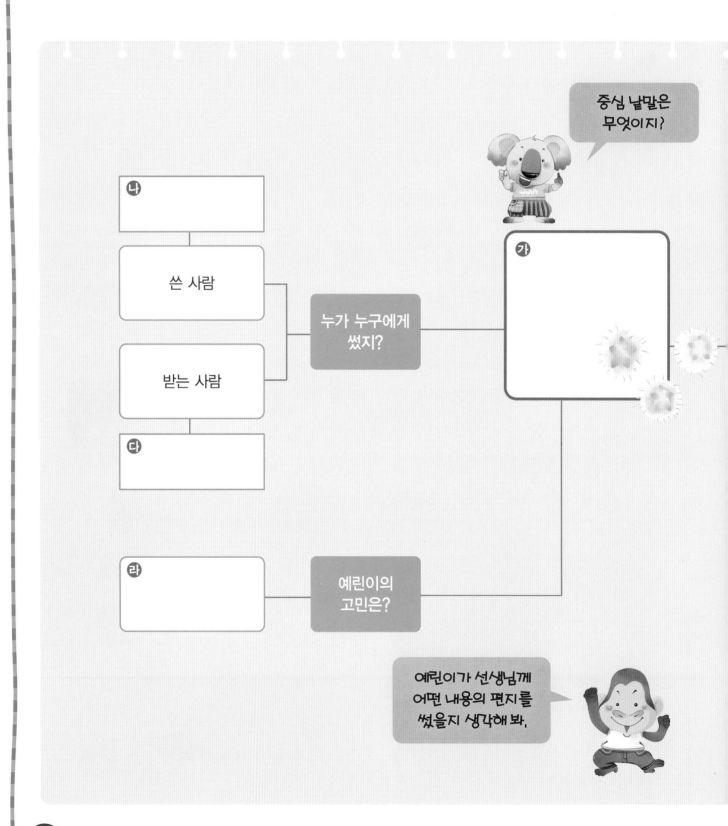

보기

① 인기   ② 공부   ③ 척척 선생님

④ 예린이   ⑤ 친구들에게 인기가 없는 것   ⑥ 어두운 표정

⑦ 잘난 척하기   ⑧ 잘난 척하지 않기

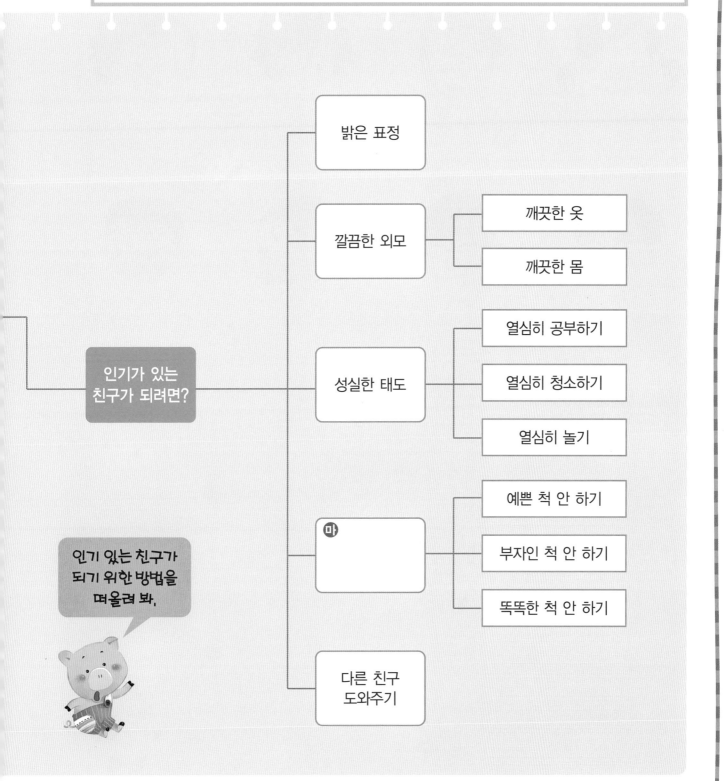

인기가 있는 친구가 되려면?

- 밝은 표정
- 깔끔한 외모
  - 깨끗한 옷
  - 깨끗한 몸
- 성실한 태도
  - 열심히 공부하기
  - 열심히 청소하기
  - 열심히 놀기
- (마)
  - 예쁜 척 안 하기
  - 부자인 척 안 하기
  - 똑똑한 척 안 하기
- 다른 친구 도와주기

인기 있는 친구가 되기 위한 방법을 떠올려 봐.

1 친구들이 좋아하는 친구와 싫어하는 친구는 어떤 친구인가요? 좋아하는 친구에게 ○표 해 보세요.

잘 웃는 친구

싸움을 잘하는 친구

잘생긴 친구

거짓말을 잘하는 친구

화를 잘 내는 친구

운동을 잘하는 친구

공부를 잘하는 친구

매번 얻어먹는 친구

2 다음은 앞의 글을 읽은 친구들의 대화입니다. 가장 바르지 <u>못한</u> 의견을 내고 있는 친구는 누구인가요?

① 자신이 왜 인기가 없는지 잘 생각해 보고, 나쁜 점을 고쳐 나가는 자세가 중요해.

② 인기가 많은 것도 좋지만 좋은 친구를 사귀는 것이 더 중요한 것 같아.

③ 친구들에게 선물을 많이 주고 맛있는 것을 많이 사 주면서 부자인 척하면 인기가 많아 질 거야.

④ 나도 생일 파티에 초대받지 못해서 속상했던 적이 있어. 예린이의 마음이 이해돼.

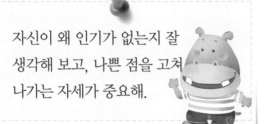

오늘 읽어 볼 글입니다. 차근차근 잘 읽고, 문제를 풀어 보세요.

엄마, 저 규태예요.

오늘도 제가 만화책을 본다고 많이 속상해하셨죠? 엄마는 만화책에 폭력적인 내용이 많고, 만화책을 많이 보면 창의력이 떨어진다고 걱정하셨지요. 하지만 만화책을 보면 나쁜 점만 있는 것은 아니에요.

만화책에는 학습에 도움이 되는 것들도 많이 있어요. 얼마 전에 읽은 만화책에는 그림자가 생기는 이유가 나왔어요. 책으로 읽을 때에는 어려워서 무슨 말인지 몰랐는데, 만화책으로 보니 그림자가 생기는 이유를 쉽게 이해할 수 있었어요. 그리고 만화책은 글과 그림을 함께 볼 수 있어서 지루하지 않게 학습 내용을 배울 수 있어요. 제가 따분하게 여겼던 역사와 인물 이야기도 만화책으로 보니 하루 만에 다 읽을 수 있었어요. 이뿐만이 아니에요. 만화를 보면서 그림을 따라 그리면 그림도 잘 그리게 돼요. 얼마 전에는 어린이 잡지에 제가 그린 만화 캐릭터가 실리기도 했어요. 또, 만화책에는 재미있는 내용이 많아서 스트레스도 풀 수 있어요.

이렇게 만화책을 보면 정말 좋은 점이 많아요. 엄마, 제발 만화책을 보게 해 주세요.

❶ **창의력** : 새로운 것을 생각해 내는 능력
❷ **따분하게** : 재미가 없어 지루하고 답답하게

다음은 앞에서 읽은 글의 내용을 한눈에 볼 수 있도록 정리한 글밥지도입니다. 보기 에서 알맞은 말을 골라 빈칸을 채워 보세요. 그리고 글에 알맞은 제목을 찾아 선으로 이어 보세요.

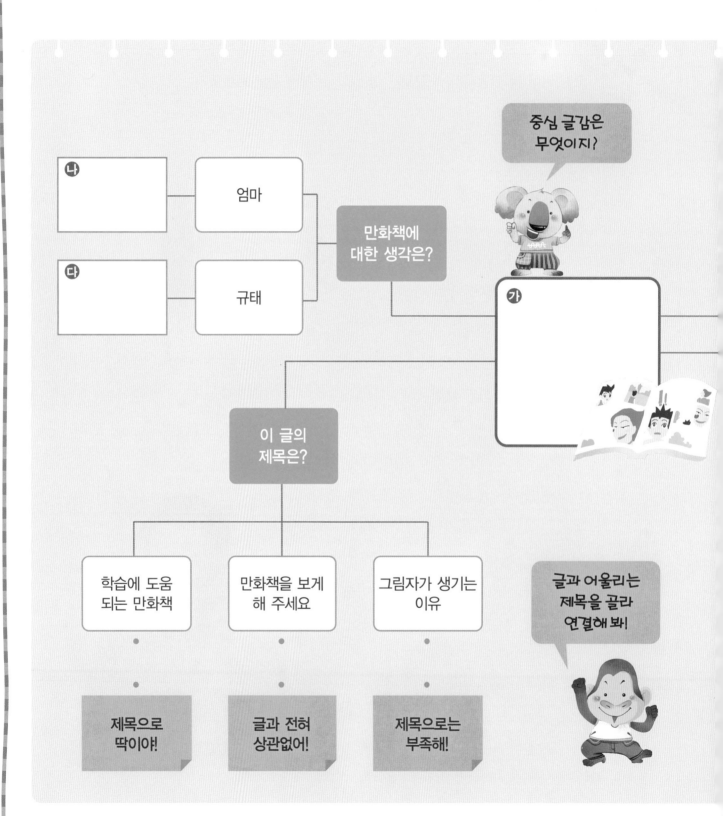

중심 글감은 무엇이지?

나

엄마

다

규태

만화책에 대한 생각은?

가

이 글의 제목은?

학습에 도움 되는 만화책

만화책을 보게 해 주세요

그림자가 생기는 이유

글과 어울리는 제목을 골라 연결해 봐!

제목으로 딱이야!

글과 전혀 상관없어!

제목으로는 부족해!

보기

❶ 만화책
❷ 그림책
❸ 좋다.
❹ 나쁘다.
❺ 폭력적인 내용이 많다.
❻ 싸우는 장면이 적다.
❼ 만화책을 사는 곳
❽ 그림을 잘 그리게 된다.

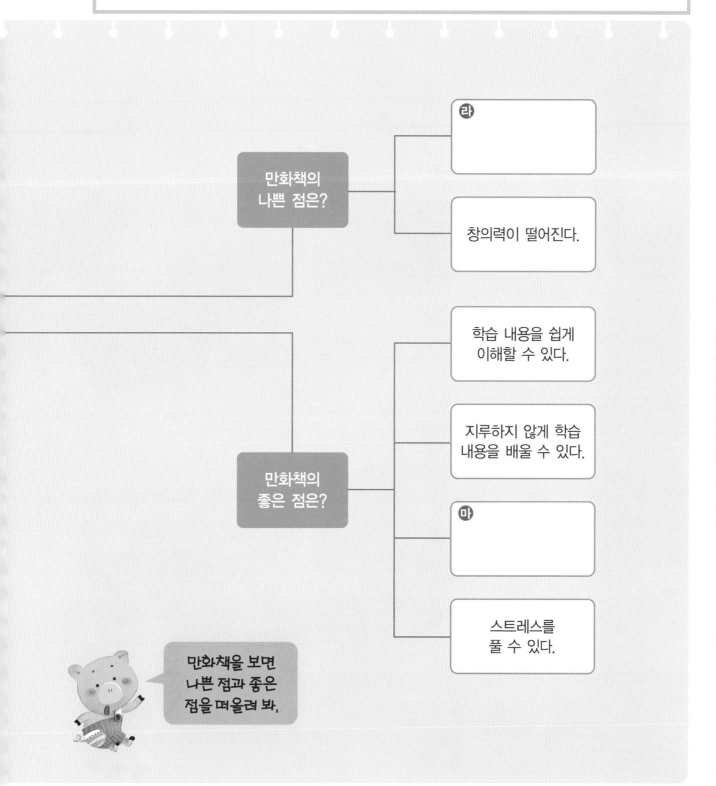

만화책의
나쁜 점은?

라

창의력이 떨어진다.

만화책의
좋은 점은?

학습 내용을 쉽게
이해할 수 있다.

지루하지 않게 학습
내용을 배울 수 있다.

마

스트레스를
풀 수 있다.

만화책을 보면
나쁜 점과 좋은
점을 떠올려 봐,

1 다음은 앞의 글을 읽고 글쓴이가 부탁하는 내용과 그 까닭을 정리한 것입니다. 잘못 정리한 것을 찾아 ∨표 해 보세요.

부탁	① 만화책을 보게 해 주세요.	☐
까닭	② 학습 내용을 지루하지 않고 쉽고 재미있게 배울 수 있어요.	☐
	③ 만화책에 나오는 그림을 따라 그리면 그림 실력이 늘어요.	☐
	④ 폭력적인 내용이 많아서 스트레스를 풀 수 있어요.	☐

2 다음은 앞의 글을 읽은 친구들의 대화입니다. 가장 바르지 <u>못한</u> 의견을 내고 있는 친구는 누구인 가요?

① 부탁하는 글을 쓸 때에는 무조건 떼를 써야 해. 그래야 글을 읽는 사람이 부탁을 잘 들어주거든.

② 서점에 가니 학습과 관련된 만화책이 많았어. 공부에 많은 도움이 될 것 같아.

③ 모든 만화책이 학습에 도움이 되는 것은 아니니까 좋은 만화책을 골라 보는 것이 중요해.

④ 규태는 만화책의 좋은 점을 잘 썼어. 규태 어머니도 만화책의 좋은 점을 알게 되실 거야.

 오늘 읽어 볼 글입니다. 차근차근 잘 읽고, 문제를 풀어 보세요.

삼촌과 함께 논두렁을 걷고 있을 때였다.

"진수야, 너 청개구리 직접 본 적 없지? 잠깐 기다려 봐."

삼촌은 잽싸게 청개구리를 잡아 보여 주셨다.

"개구리는 물과 땅을 오가며 살아. 개구리는 허파와 피부로 숨을 쉬는데 피부가 마르면 숨을 쉴 수 없어. 한번 만져 볼래?"

청개구리의 초록색 피부를 만져 보니 물기가 남아 있어 촉촉하고 미끄러웠다. 청개구리의 커다란 눈을 자세히 살펴보니 투명한 눈꺼풀이 아래에서 위로 움직였다. 특이하게 발가락 끝 부분이 동그란 모양이었다. 삼촌은 이 동그란 흡반❶ 덕분에 청개구리가 어디든지 달라붙을 수 있다고 했다. 뒷다리는 앞다리보다 길었는데 뒷발가락 사이에는 오리발처럼 물갈퀴가 있었다. 긴 뒷다리 덕분에 헤엄도 잘 치고, 멀리 뛸 수 있다고 한다.

나는 청개구리의 피부가 마를까 봐 얼른 청개구리를 물속에 놓아 주었다. 청개구리는 순식간에 물풀 사이로 몸을 감추었다. 저렇게 작고 귀여운 청개구리가 점점 사라지고 있다니 안타까운 마음이 들었다.

❶ **흡반** : 다른 동물이나 물체에 달라붙기 위한 기관

다음은 앞에서 읽은 글의 내용을 한눈에 볼 수 있도록 정리한 글밥지도입니다. 보기
에서 알맞은 말을 골라 빈칸을 채워 보세요. 그리고 글에 알맞은 제목을 찾아 선으
로 이어 보세요.

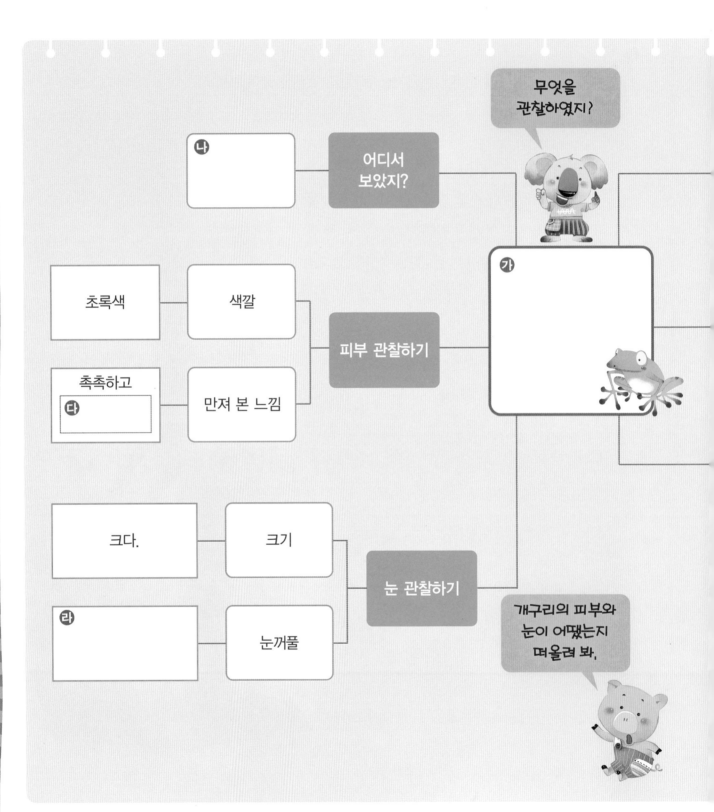

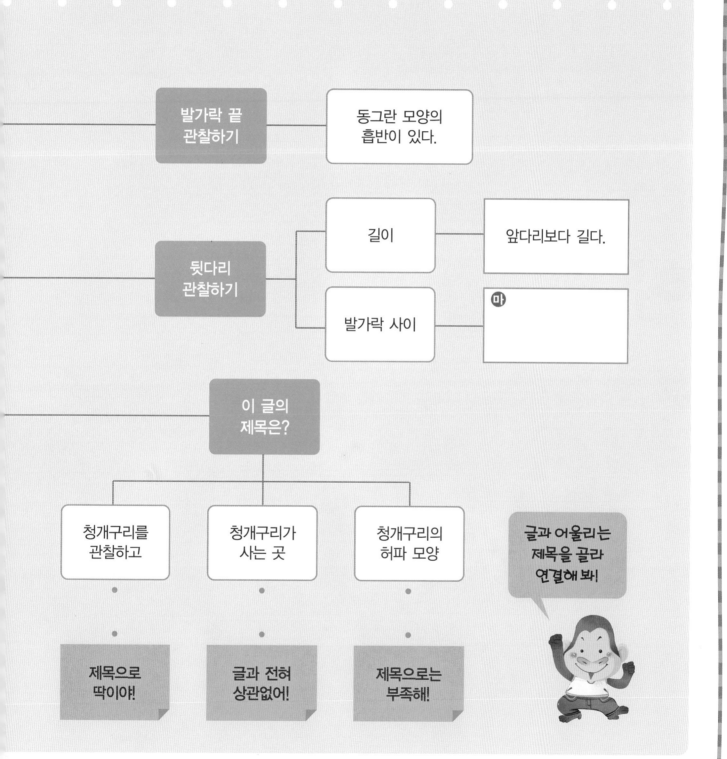

발가락 끝 관찰하기 ── 동그란 모양의 흡반이 있다.

뒷다리 관찰하기 ── 길이 ── 앞다리보다 길다.

발가락 사이 ── ㉮

이 글의 제목은?

청개구리를 관찰하고

청개구리가 사는 곳

청개구리의 허파 모양

글과 어울리는 제목을 골라 연결해 봐!

제목으로 딱이야!

글과 전혀 상관없어!

제목으로는 부족해!

1 다음은 글쓴이가 청개구리에 대하여 중요한 내용을 정리한 것입니다. 무엇에 대한 설명인지 보기에서 골라 답해 보세요.

• 청개구리는 ① [   ] 로 숨을 쉬기 때문에 물과 땅을 오가며 살아간다.

• 청개구리는 발가락의 끝 부분에 동그란 모양의 ② [   ] 이 있어 어디든지 달라 붙을 수 있다.

• 청개구리는 ③ [   ] 덕분에 헤엄도 잘 치고, 멀리 뛸 수 있다.

보기   뒷다리   흡반   허파와 피부   앞다리

2 다음은 앞의 글을 읽은 친구들의 대화입니다. 가장 바르지 <u>못한</u> 의견을 내고 있는 친구는 누구인 가요?

① 청개구리가 어디든지 달라 붙을 수 있다고? 미끄러운 유리에도 달라붙을 수 있는지 궁금해.

② 청개구리가 물가에 사는 까닭 은 피부가 마르지 않도록 하기 위해서구나.

③ 청개구리의 모습을 상상하여 잘 썼어. 마치 바로 앞에 청개구리가 있는 것 같아.

④ 청개구리가 왜 점점 사라지 고 있는 걸까? 책에서 그 까닭을 찾아봐야겠어.

꼼꼼히 집중하여 읽기

 오늘 읽어 볼 글입니다. 차근차근 잘 읽고, 문제를 풀어 보세요.

넓은 초원에서 한가롭게 풀을 뜯고 있던 당나귀는 깜짝 놀랐어요. 배고픈 늑대가 당나귀를 잡아먹으려고 살금살금 다가오고 있었거든요. 당나귀는 도망치고 싶었지만 도망치기에는 너무 늦었어요. 좋은 방법이 없을까 생각하던 당나귀는 늑대가 다가오자 다리를 절뚝거렸어요. 늑대가 왜 그러느냐고 묻자 당나귀는 아픈 표정을 지으며 말했어요.

"발바닥에 가시가 박혀서 그래. 나를 잡아먹기 전에 가시를 빼는 게 좋을 거야. 안 그러면 네 목에 가시가 걸려 아플 테니까."

늑대가 당나귀의 말을 듣고 보니 맞는 것 같았어요.

"좋아, 발을 들어 봐."

당나귀는 늑대에게 뒷발을 내밀었어요. 늑대는 머리를 숙이고 가시를 찾기 시작했어요. 늑대가 좀 더 자세히 보려고 뒷발에 얼굴을 가까이 대자 당나귀는 있는 힘을 다해 늑대를 찼어요. 늑대는 너무 놀라고 아파서 데굴데굴 굴렀어요. 당나귀는

"하하하, 처음부터 가시는 없었어."

라고 늑대를 놀리며
도망쳤답니다.

다음은 앞에서 읽은 글의 내용을 한눈에 볼 수 있도록 정리한 글밥지도입니다. 보기 에서 알맞은 말을 골라 빈칸을 채워 보세요. 그리고 글에 알맞은 제목과 이야기의 순서에 맞게 선으로 이어 보세요.

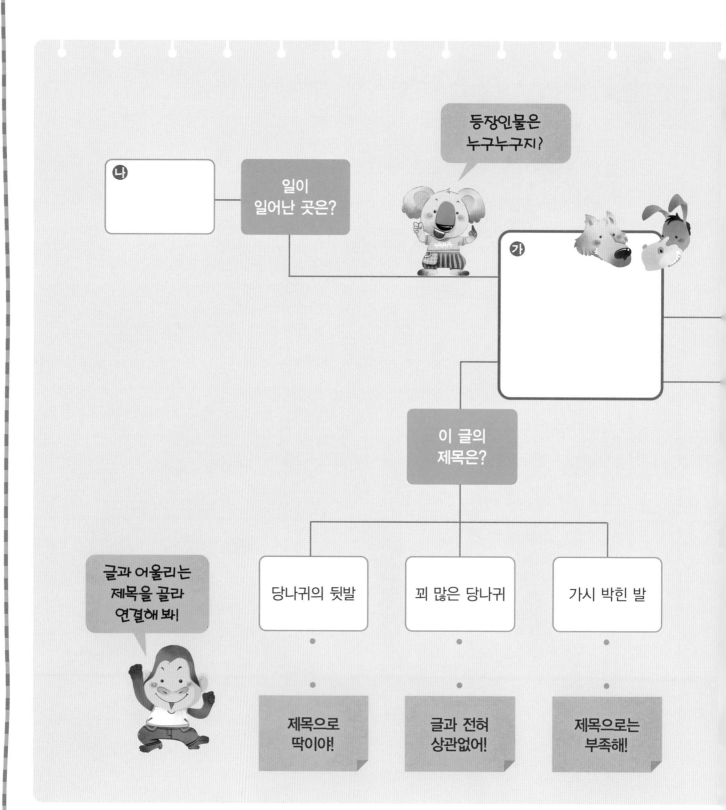

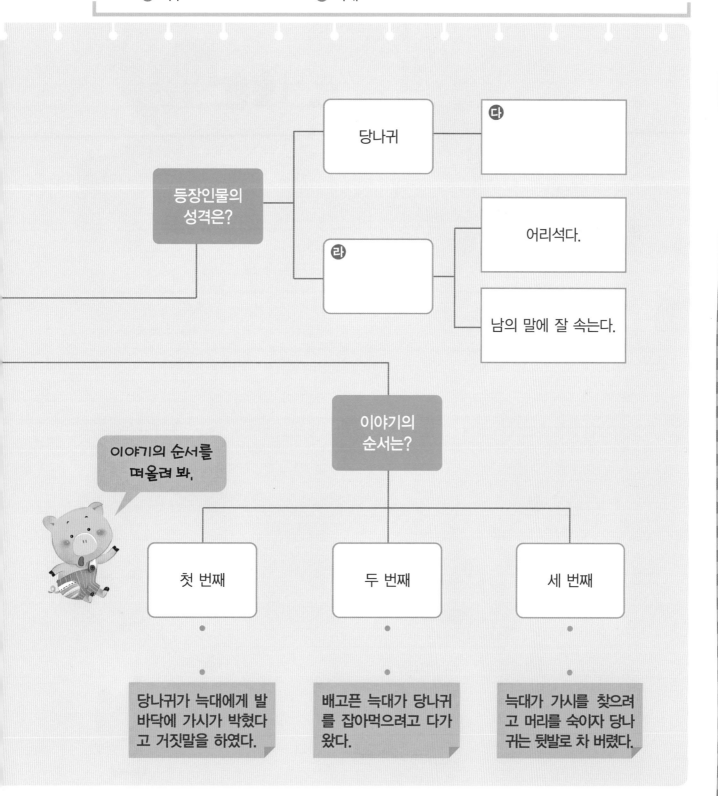

등장인물의 성격은?

당나귀 ── 다

라 ── 어리석다.

남의 말에 잘 속는다.

이야기의 순서는?

이야기의 순서를 떠올려 봐.

첫 번째 | 두 번째 | 세 번째

당나귀가 늑대에게 발바닥에 가시가 박혔다고 거짓말을 하였다.

배고픈 늑대가 당나귀를 잡아먹으려고 다가왔다.

늑대가 가시를 찾으려고 머리를 숙이자 당나귀는 뒷발로 차 버렸다.

1 다음은 이야기의 중요한 장면입니다. 각각의 장면에서 당나귀의 마음은 어땠을지 보기 에서 골라 답해 보세요.

① ②

보기

슬프다.   통쾌하다.   불쌍하다.   무섭다.

2 다음은 앞의 글을 읽은 친구들의 대화입니다. 가장 바르지 <u>못한</u> 의견을 내고 있는 친구는 누구인가요?

① 제목을 '꾀 많은 당나귀와 어리석은 늑대' 로 바꿔 보고 싶어.

② 나도 당나귀처럼 지혜로운 사람이 되고 싶어.

③ 당나귀는 뒷발로 늑대를 차려고 발바닥에 가시가 박혔다고 거짓말을 했어. 거짓말을 하는 건 나빠.

④ 당나귀처럼 약한 동물이 늑대처럼 힘센 동물을 혼내 주다니 정말 통쾌해.

꼼꼼히 집중하여 읽기

 오늘 읽어 볼 글입니다. 차근차근 잘 읽고, 문제를 풀어 보세요.

꽃 사이를 날아다니며 열심히 꿀을 모으는 꿀벌을 본 적이 있나요? 꿀벌은 한 장소에 여럿이 무리를 지어 살아가는 곤충이에요.

꿀벌은 한 마리의 여왕벌을 중심으로 백여 마리의 수벌, 수만 마리의 일벌이 모여 하나의 사회를 이루지요. 벌은 무엇을 먹고 자라는가에 따라 여왕벌과 일벌로 나뉘어요. 로열젤리를 먹고 자란 애벌레는 여왕벌이 되고, 꿀과 꽃가루가 섞인 먹이를 먹고 자란 애벌레는 일벌이 된답니다. 여왕벌, 수벌, 일벌은 각자 맡아서 하는 일이 달라요. 여왕벌은 알을 낳고, 꿀벌 사회를 다스리는 일을 해요. 수벌은 여왕벌이 알을 낳을 수 있도록 짝짓는 일만 해요. 수벌들은 일하지 않고 양식만 ^{①} 없애기 때문에 짝짓기가 끝나고 겨울이 다가오면 집에서 쫓겨나지요. 일벌은 평생을 일하면서 보내요. 집을 짓고 청소하고, 여왕벌과 애벌레를 돌보고, 꿀을 모으지요. 꽃밭에서 '웅웅' 소리를 내며 날아다니는 것은 대부분 일벌이에요. 또, 적이 벌집을 공격해 오면 싸우는 일도 해요. 어때요? 각자 맡은 일을 열심히 하며 살아가는 꿀벌들의 사회가 놀랍지요?

① **양식** : 살아가기 위하여 필요한 먹을거리

다음은 앞에서 읽은 글의 내용을 한눈에 볼 수 있도록 정리한 글밥지도입니다. 보기에서 알맞은 말을 골라 빈칸을 채워 보세요. 그리고 글에 알맞은 제목을 찾아 선으로 이어 보세요.

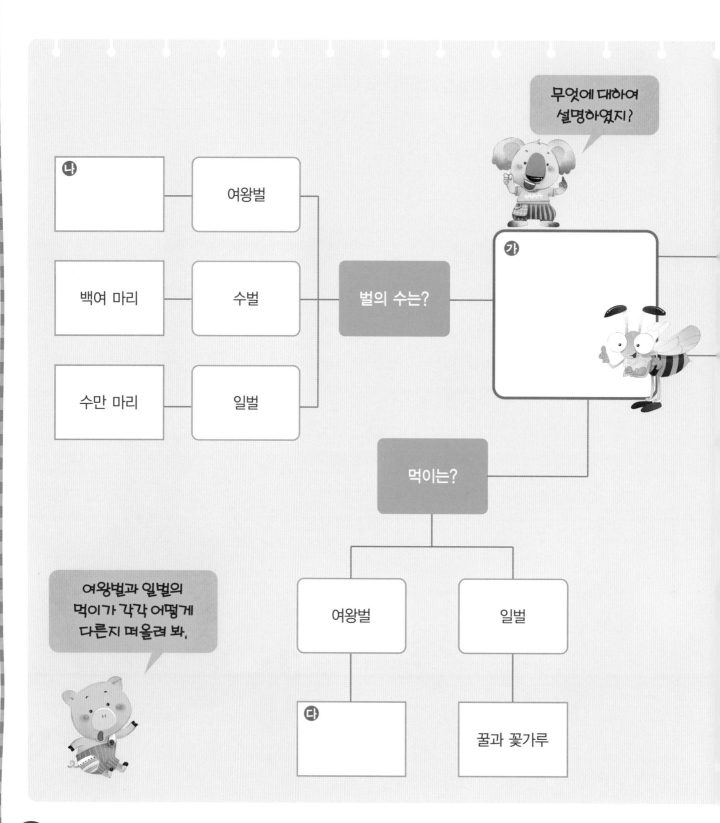

무엇에 대하여 설명하였지?

나

여왕벌

백여 마리 — 수벌

수만 마리 — 일벌

벌의 수는?

가

먹이는?

여왕벌과 일벌의 먹이가 각각 어떻게 다른지 떠올려 봐.

여왕벌 — 일벌

다

꿀과 꽃가루

보기

① 꿀벌 사회　　　② 꿀벌의 생김새　　　③ 한 마리

④ 꿀　　　　　　⑤ 로열젤리　　　　　⑥ 알을 낳는다.

⑦ 애벌레　　　　⑧ 일벌

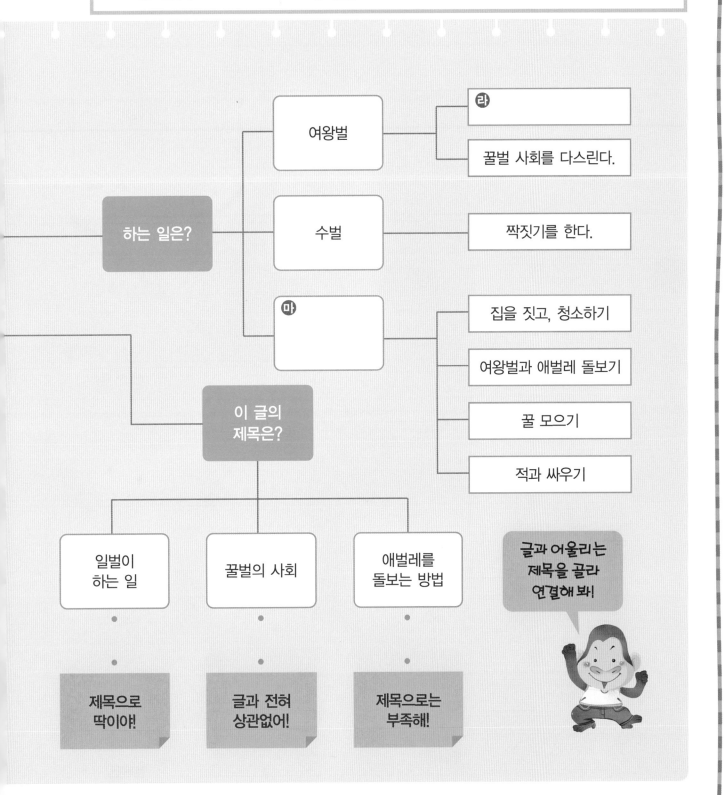

하는 일은?

여왕벌 — 라 / 꿀벌 사회를 다스린다.

수벌 — 짝짓기를 한다.

마 — 집을 짓고, 청소하기 / 여왕벌과 애벌레 돌보기 / 꿀 모으기 / 적과 싸우기

이 글의 제목은?

일벌이 하는 일 — 제목으로 딱이야!

꿀벌의 사회 — 글과 전혀 상관없어!

애벌레를 돌보는 방법 — 제목으로는 부족해!

글과 어울리는 제목을 골라 연결해 봐!

1 다음은 글쓴이가 꿀벌의 특징을 표로 정리한 것입니다. 어떤 꿀벌에 대한 설명인지 보기 에서 골라 답해 보세요.

	①	②	③
수	한 마리	백여 마리	수만 마리
하는 일	• 알 낳기 • 꿀벌 사회 다스리기	• 여왕벌과 짝짓기	• 집 짓고, 청소하기 • 여왕벌, 애벌레 돌보기 • 꿀 모으기 • 적과 싸우기

보기

일벌   여왕벌   애벌레   수벌

2 다음은 앞의 글을 읽은 친구들의 대화입니다. 가장 바르지 <u>못한</u> 의견을 내고 있는 친구는 누구인가요?

① 꿀벌들은 각자 하는 일이 달라. 꿀벌은 따로따로 살아가는 곤충이기 때문이지.

② 평생 일만 하면서 사는 일벌도 불쌍하고, 겨울이 다가오면 쫓겨나는 수벌도 불쌍해.

③ 밖에서 흔히 볼 수 있는 벌은 대부분 일벌이구나. 여왕벌이나 수벌은 보기 힘들구나.

④ 무엇을 먹고 자라느냐에 따라 여왕벌과 일벌로 나뉘는 게 신기해.

오늘 읽어 볼 글입니다. 차근차근 잘 읽고, 문제를 풀어 보세요.

여름 방학을 맞아 가족과 함께 제주도로 향했다. 제주도 공항에 도착하자 돌하르방이 눈에 띄었다. 눈을 크게 부릅뜨고, 입을 굳게 다물고, 두 손을 배에 가지런히 모은 모습이 재미있어 보였다.

차를 타고 주상 절리대를 보러 갔다. 해안을 따라 높이가 30~40미터나 되는 검붉은 돌기둥들이 하늘을 찌를 듯 뻗어 있었다. 용암이 식으면서 만들어진 주상 절리대는 자연이 만든 최고의 작품 같았다. 다시 차를 타고 천제연 폭포를 보러 갔다. 옥황상제가 칠선녀를 데려와 목욕을 했다고 하여 천제연 폭포라고 부른다고 한다. 높은 곳에서 떨어지는 물줄기가 선녀가 내려오는 것처럼 아름답게 보였다. 점심을 간단히 먹고 산방산으로 갔다. 마치 밥그릇을 엎어 놓은 것처럼 생긴 산방산 중턱에는 산방굴이라고 하는 작은 동굴이 있었는데, 동굴 천장에서 약수가 떨어지는 것이 신기했다.

제주도는 정말 볼거리가 많은 것 같다. 내일은 또 어떤 곳에 갈까? 너무 기대가 되어서 잠이 오지 않을 것 같다.

글밥지도
그리기

다음은 앞에서 읽은 글의 내용을 한눈에 볼 수 있도록 정리한 글밥지도입니다. 보기 에서 알맞은 말을 골라 빈칸을 채워 보세요. 그리고 글에 알맞은 제목과 여행의 순 서를 찾아 선으로 이어 보세요.

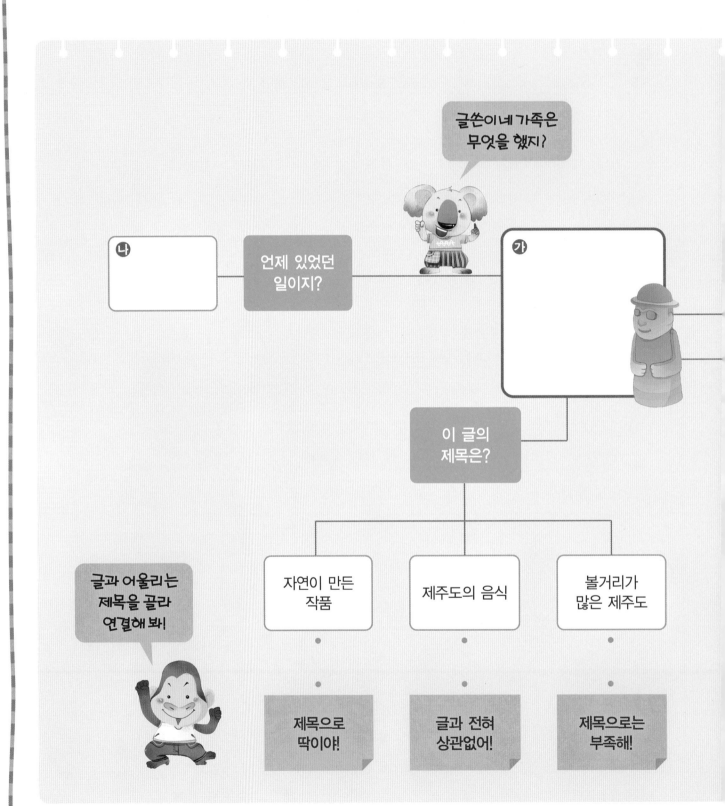

글쓴이네 가족은 무엇을 했지?

나

언제 있었던 일이지?

가

이 글의 제목은?

글과 어울리는 제목을 골라 연결해 봐!

자연이 만든 작품

제주도의 음식

볼거리가 많은 제주도

제목으로 딱이야!

글과 전혀 상관없어!

제목으로는 부족해!

보기

① 제주도 여행   ② 여름 방학   ③ 겨울 방학   ④ 조각품

⑤ 돌하르방   ⑥ 용암   ⑦ 주상 절리대   ⑧ 산방산

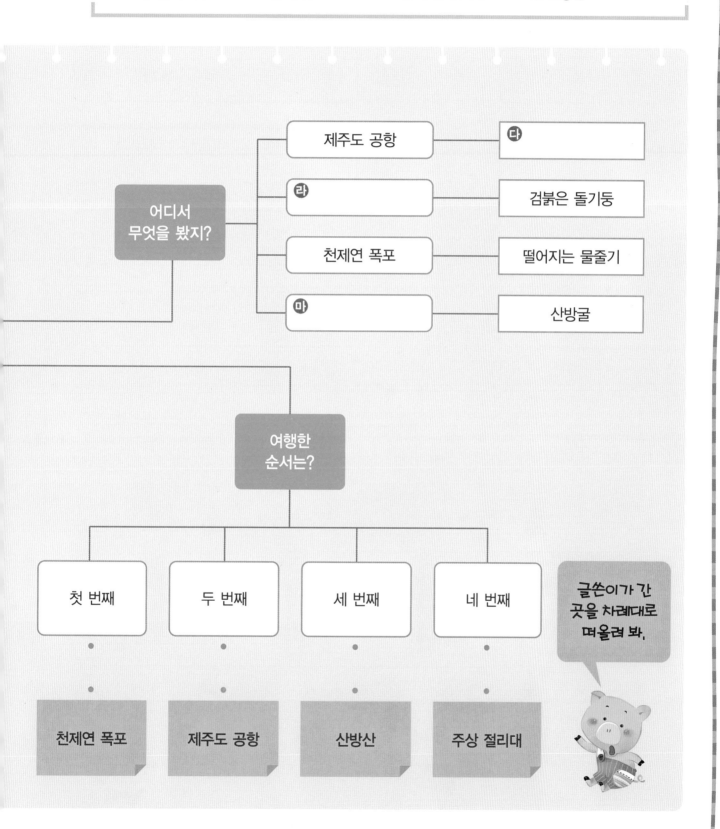

어디서 무엇을 봤지?

- 제주도 공항 — 다
- 라 — 검붉은 돌기둥
- 천제연 폭포 — 떨어지는 물줄기
- 마 — 산방굴

여행한 순서는?

첫 번째	두 번째	세 번째	네 번째
천제연 폭포	제주도 공항	산방산	주상 절리대

글쓴이가 간 곳을 차례대로 떠올려 봐.

1 글쓴이는 제주도의 여러 장소를 구경하면서 많은 것을 느꼈습니다. 글쓴이가 각각의 여행 장소에서 느낀 점을 찾아 선으로 이어 보세요.

① 제주도 공항 •

• ㉠ 자연이 만든 최고의 작품 같았다.

② 주상 절리대 •

• ㉡ 물줄기의 모습이 선녀가 내려오는 것처럼 아름답게 보였다.

③ 산방산 •

• ㉢ 돌하르방의 모습이 재미있어 보였다.

④ 천제연 폭포 •

• ㉣ 산방굴의 천장에서 약수가 떨어지는 것이 신기했다.

2 다음은 앞의 글을 읽은 친구들의 대화입니다. 가장 바르지 <u>못한</u> 의견을 내고 있는 친구는 누구인가요?

① 여행한 곳의 특징을 자세히 쓰고, 느낀 점이나 생각한 점은 쓰지 않는 게 좋아.

② 이 글을 읽으면 제주도에서 볼 수 있는 것들을 잘 알 수 있어.

③ 제주도를 여행한 순서에 따라 썼구나. 제주도 지도를 놓고 찾아간 곳을 살펴봐야지.

④ 이 글은 제주도 여행을 하려는 사람에게 도움이 될 거야.

 오늘 읽어 볼 글입니다. 차근차근 잘 읽고, 문제를 풀어 보세요.

우리는 편리하다는 까닭으로 일회용품을 아무 생각 없이 사용하고 있다. 이렇게 한번 쓰고 버리는 일회용품 때문에 자원이 낭비되고 있다. 또한 일회용품은 오랫동안 썩지 않기 때문에 환경을 오염시킨다.

우리는 아름다운 지구를 지키기 위해 일회용품 사용을 줄여야 한다. 집이나 학교, 사무실 등에서는 일회용 컵 대신 개인 컵 사용하기, 목욕을 갈 때에는 일회용 샴푸나 비누를 사용하지 말고 집에 있는 세면도구 챙겨 가기, 시장이나 마트에 갈 때에는 비닐봉지 대신 장바구니를 사용하기, 야외로 놀러갈 때에는 일회용 도시락 대신 집에서 쓰는 도시락 사용하기 등 우리가 생활 속에서 실천할 수 있는 작은 것부터 실천해 보자.

한 사람이 일회용품 사용을 한 개씩만 줄이면 하루에 오천만 개의 일회용품을 줄일 수 있다. 환경 운동은 어려운 것이 아니다. 우리가 생활 속에서 실천할 수 있는 '일회용품 사용 줄이기'부터 다 함께 실천해 보도록 하자.

① **낭비** : 시간이나 재물 따위를 헛되이 헤프게 씀

다음은 앞에서 읽은 글의 내용을 한눈에 볼 수 있도록 정리한 글밥지도입니다. 보기 에서 알맞은 말을 골라 빈칸을 채워 보세요. 그리고 글에 알맞은 제목을 찾아 선으로 이어 보세요.

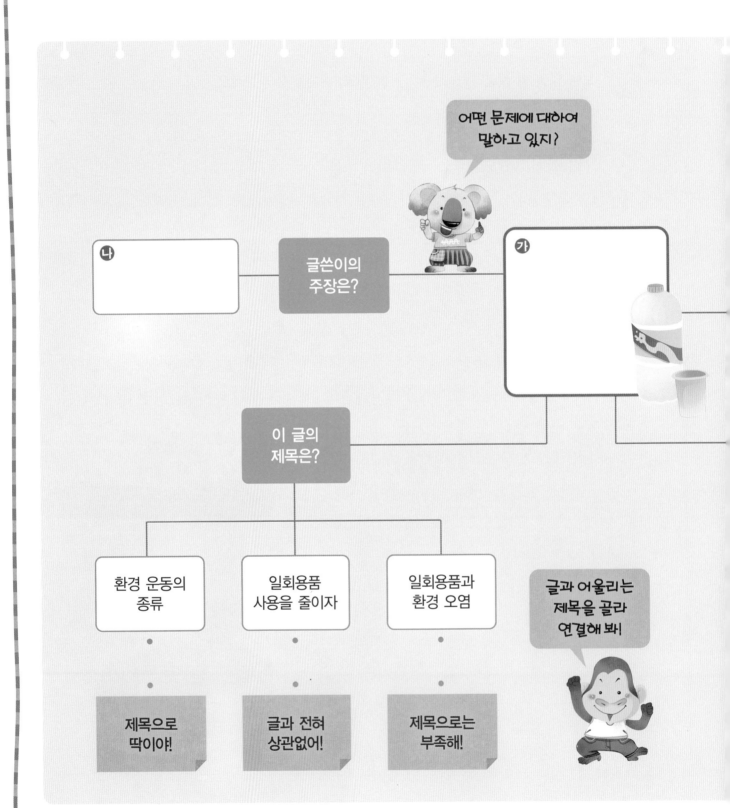

보기
① 일회용품의 편리함   ② 일회용품의 사용   ③ 일회용품 사용을 줄이자.
④ 자원   ⑤ 환경을 오염시킨다.   ⑥ 세면도구 챙겨 가기
⑦ 일회용 샴푸 사용하기   ⑧ 장바구니 사용하기

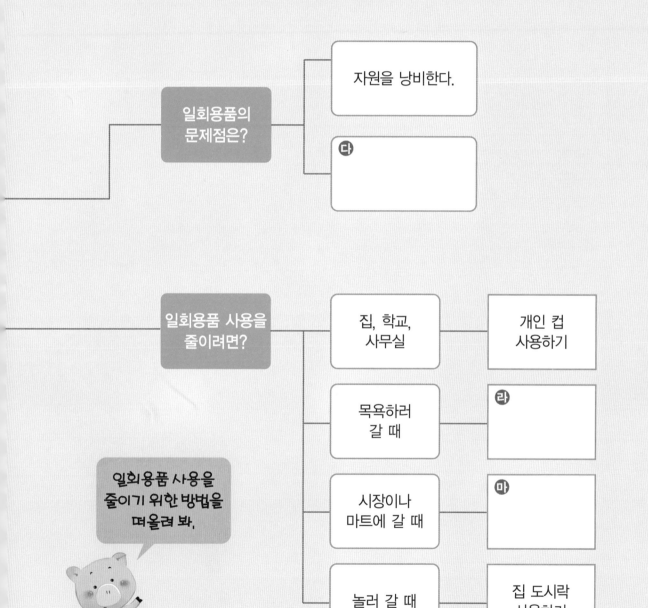

일회용품의
문제점은?

자원을 낭비한다.

다

일회용품 사용을
줄이려면?

집, 학교,
사무실

개인 컵
사용하기

목욕하러
갈 때

라

시장이나
마트에 갈 때

마

일회용품 사용을
줄이기 위한 방법을
떠올려 봐.

놀러 갈 때

집 도시락
사용하기

55

1 글쓴이는 자신의 주장을 뒷받침하기 위해 어떤 까닭을 들었나요? 알맞은 까닭을 찾아 ○표 해 보세요.

문제 상황	일회용품을 아무 생각 없이 사용하고 있다.	
주장	일회용품 사용을 줄이자.	
까닭	① 일회용품은 편리하다.	
	② 일회용품 때문에 자원이 낭비된다.	
	③ 일회용품 사용은 환경을 오염시킨다.	

글쓴이가 일회용품을
사용하지 말자고 한 까닭은
무엇무엇이지?

2 다음은 앞의 글을 읽은 친구들의 대화입니다. 가장 바르지 <u>못한</u> 의견을 내고 있는 친구는 누구인가요?

①
일회용품을 계속 사용한다면 우리의 지구는 오염되고 말 거야.

②
한 사람이 하루에 종이컵을 한 개씩만 줄여도 하루에 오천만 개의 종이컵을 줄일 수 있다니 정말 대단해.

③
이제부터 엄마와 함께 시장에 갈 때에는 장바구니를 꼭 챙겨야겠어.

④
환경 운동은 아주 거창하고 어려워서 우리 같은 어린이들은 참여할 수 없어.

 오늘 읽어 볼 글입니다. 차근차근 잘 읽고, 문제를 풀어 보세요.

○○단체는 초등학교 어린이들을 대상으로 '올바른 손 씻기' 운동을 펼치고 있다. ○○단체 관계자는 "손에는 약 12만 마리의 세균이 살고 있습니다. 식중독이나 눈병, 감기 같은 병은 세균이 묻은 손으로 눈이나 코, 입 등을 만져서 걸리는 경우가 많습니다. 손을 잘 씻는 것만으로도 이러한 병에 걸리는 것을 막을 수 있습니다."라고 하였다.

화장실을 다녀온 후, 외출을 하고 돌아온 후, 음식을 먹기 전과 후, 돈을 만진 후, 더러운 것을 만진 후, 기침을 하거나 콧물을 닦고 난 후, 책이나 컴퓨터를 만진 후에는 반드시 손을 씻어야 한다. 손을 자주 씻는 것도 중요하지만 올바르게 씻는 것도 중요하다. ○○단체는 앞으로도 '올바른 손 씻기 운동'을 꾸준히 펼쳐 손 씻기의 중요함을 알릴 계획이다.

〈올바른 손 씻기 순서〉

1단계 : 손바닥과 손바닥을 마주 대고 문지르기

2단계 : 손가락을 마주 잡고 문지르기

3단계 : 손바닥으로 손등 문지르기

4단계 : 엄지손가락을 다른 쪽 손바닥으로 문지르기

5단계 : 손깍지를 끼고 손가락 사이 문지르기

6단계 : 손가락 끝을 동그랗게 모으고 반대편 손에 문지르기

다음은 앞에서 읽은 글의 내용을 한눈에 볼 수 있도록 정리한 글밥지도입니다. 보기 에서 알맞은 말을 골라 빈칸을 채워 보세요. 그리고 글에 알맞은 제목을 찾아 선으로 이어 보세요.

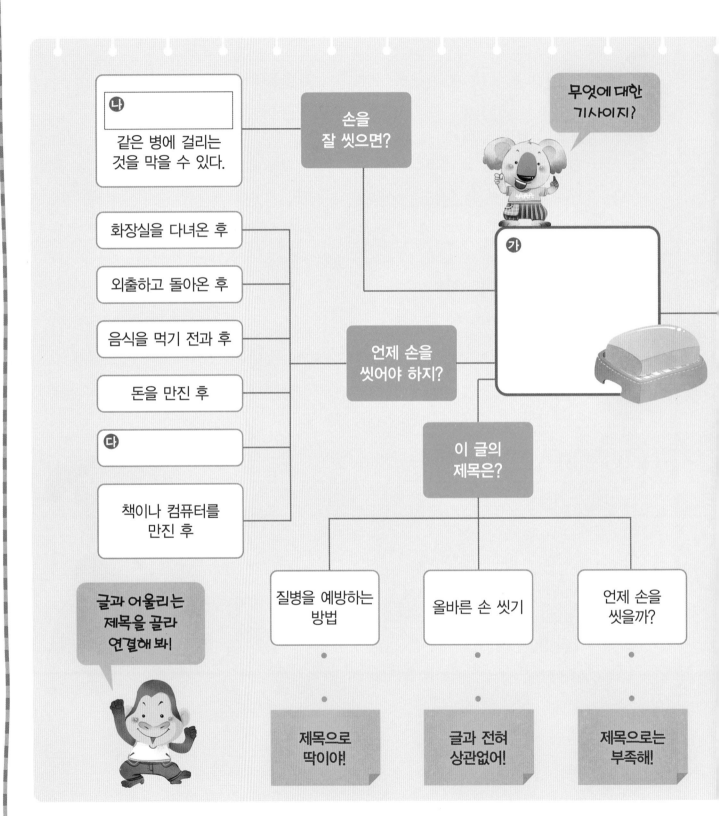

보기

① 세균
② '올바른 손 씻기' 운동
③ 치료
④ 식중독, 눈병, 감기
⑤ 물을 마신 후
⑥ 기침하거나 콧물을 닦은 후
⑦ 손바닥과 손바닥
⑧ 손바닥으로 손등

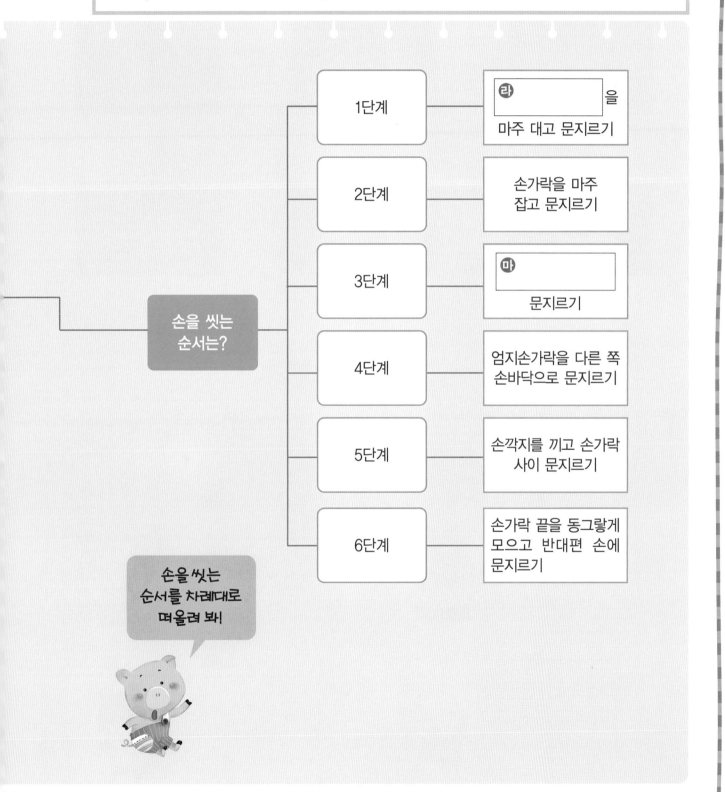

손을 씻는 순서는?

1단계 — [**라**]을 마주 대고 문지르기

2단계 — 손가락을 마주 잡고 문지르기

3단계 — [**마**] 문지르기

4단계 — 엄지손가락을 다른 쪽 손바닥으로 문지르기

5단계 — 손깍지를 끼고 손가락 사이 문지르기

6단계 — 손가락 끝을 동그랗게 모으고 반대편 손에 문지르기

손을 씻는 순서를 차례대로 떠올려 봐!

1 글쓴이는 손은 자주 씻는 것도 중요하지만 올바르게 씻는 것이 더 중요하다고 했습니다. 손을 씻는 순서대로 빈칸에 번호를 써 보세요.

① 손바닥으로 손등 문지르기

☐

② 손바닥과 손바닥을 마주대고 문지르기

☐

③ 손가락 끝을 동그랗게 모으고 반대편 손에 문지르기

☐

④ 엄지손가락을 다른 쪽 손바닥으로 문지르기

☐

⑤ 손가락을 마주 잡고 문지르기

☐

⑥ 손깍지를 끼고 손가락 사이 문지르기

☐

2 다음은 앞의 글을 읽은 친구들의 대화입니다. 가장 바르지 <u>못한</u> 의견을 내고 있는 친구는 누구인가요?

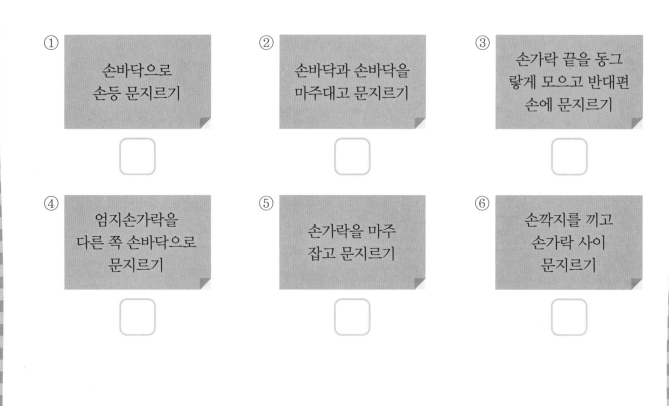

① 올바른 손 씻기 순서대로 손을 씻으려면 시간이 오래 걸려. 손은 무조건 빨리 씻는 게 좋아.

② 우리 손에 세균이 12만 마리나 있다니 정말 놀라워. 앞으로 손을 자주 씻어야겠어.

③ 나는 손으로 코나 입을 만지는 버릇이 있는데, 빨리 이 버릇을 고쳐야겠어.

④ 난 음식을 먹기 전에만 손을 씻으면 되는 줄 알았는데, 먹고 난 후에도 씻어야 하는구나.

꼼꼼히 집중하여 읽기

오늘 읽어 볼 글입니다. 차근차근 잘 읽고, 문제를 풀어 보세요.

지난주 금요일, 친구들과 방송국 견학홀에 다녀왔다. 방송 제작 현장을 직접 체험해 보고 싶었기 때문이다.

라디오 스튜디오에서는 여러 가지 도구로 다양한 효과음을 내는 모습을 볼 수 있었다. 눈을 감고 들어 보니 정말 바람 소리, 천둥 소리가 나는 것 같았다. 뉴스 체험 코너에서는 뉴스를 진행해 볼 수 있었는데 아나운서❶ 자리에 앉아 뉴스 원고를 읽자 커다란 화면에 내 모습이 나왔다. 실제로 아나운서가 된 것처럼 뿌듯했다. 텔레비전 스튜디오에서는 여러 가지 프로그램이 제작되는 모습을 직접 볼 수 있었다. 우리는 조금이라도 잘 보기 위해 유리창에 원숭이처럼 매달렸다. 프로그램을 진행하던 연예인이 우리를 보고 손을 흔들어 주었다. 연예인을 실제로 보다니 꿈만 같았다. 크로마키❷ 코너에서는 기상 캐스터가 되어 일기예보를 할 수 있었다. 파란 무대에 올라서자 내일의 날씨를 알려 주는 지도와 내가 합성되어 화면에 나타났다. 기상 캐스터처럼 이리저리 움직이며 일기예보를 해 보니 정말 재미있었다.

이 다음에 어른이 되면 꼭 아나운서가 되어 방송국에서 일하고 싶다.

❶ **아나운서** : 뉴스 보도, 사회, 중계 등의 방송을 맡아 하는 사람
❷ **크로마키** : 텔레비전 방송의 합성 기술로 배경이나 인물을 촬영한 뒤 어느 하나를 분리하여 다른 카메라에 옮겨 구성함

글밥지도
그리기

다음은 앞에서 읽은 글의 내용을 한눈에 볼 수 있도록 정리한 글밥지도입니다. 보기 에서 알맞은 말을 골라 빈칸을 채워 보세요. 그리고 글에 알맞은 제목을 찾아 선으로 이어 보세요.

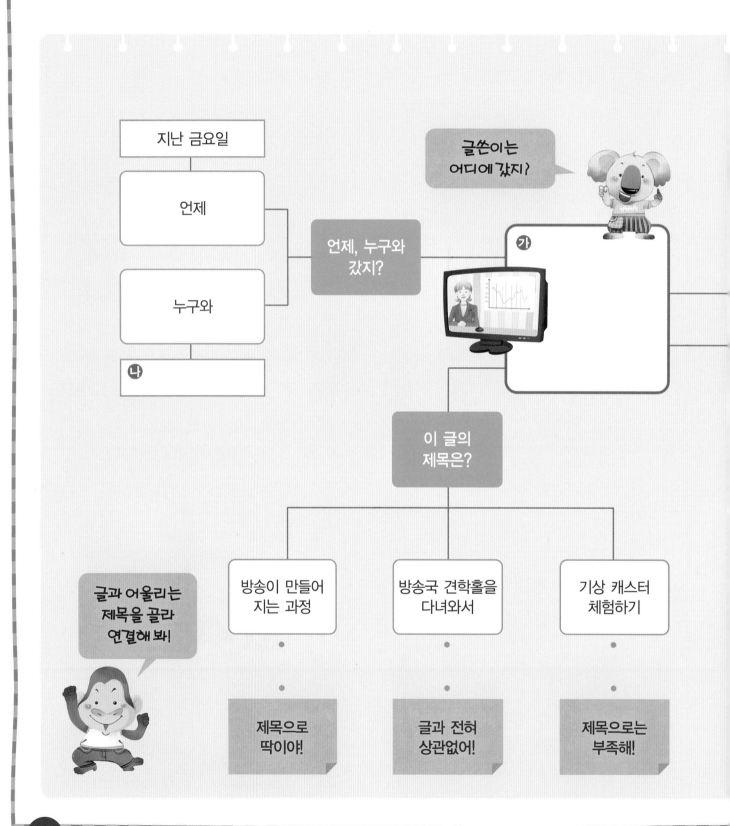

❶ 방송국 견학홀　　　　❷ 가족　　　　❸ 친구들

❹ 뉴스를 직접 진행해 보았다.　　　　❺ 효과음 코너　　　　❻ 파란 무대

❼ 프로그램의 제작 모습을 보았다.　　　　❽ 아나운서

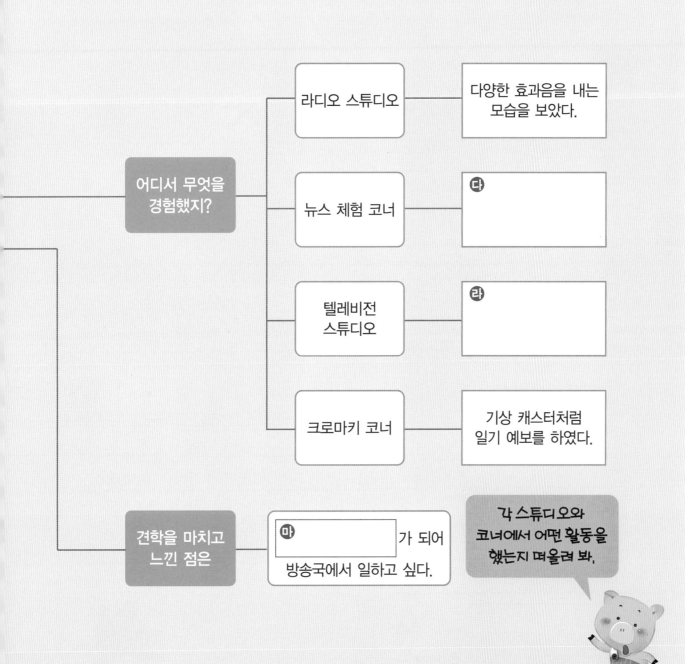

라디오 스튜디오 — 다양한 효과음을 내는 모습을 보았다.

어디서 무엇을 경험했지?

뉴스 체험 코너 — 다

텔레비전 스튜디오 — 라

크로마키 코너 — 기상 캐스터처럼 일기 예보를 하였다.

견학을 마치고 느낀 점은 — 마 가 되어 방송국에서 일하고 싶다.

각 스튜디오와 코너에서 어떤 활동을 했는지 떠올려 봐.

1 홍보 도우미가 되어 방송국 견학홀을 소개하려고 합니다. 빈칸에 들어갈 말을 보기에서 찾아 답해 보세요.

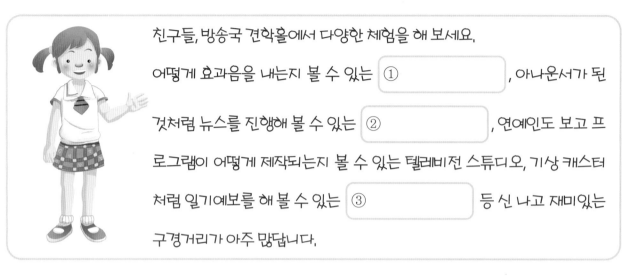

친구들, 방송국 견학홀에서 다양한 체험을 해 보세요.

어떻게 효과음을 내는지 볼 수 있는 ①〔   〕, 아나운서가 된

것처럼 뉴스를 진행해 볼 수 있는 ②〔   〕, 연예인도 보고 프

로그램이 어떻게 제작되는지 볼 수 있는 텔레비전 스튜디오, 기상 캐스터

처럼 일기예보를 해 볼 수 있는 ③〔   〕 등 신 나고 재미있는

구경거리가 아주 많답니다.

보기

| 크로마키 코너 | 라디오 스튜디오 | 뉴스 체험 코너 |

2 다음은 앞의 글을 읽은 친구들의 대화입니다. 가장 바르지 <u>못한</u> 의견을 내고 있는 친구는 누구인 가요?

①
글쓴이의 꿈은 아나운서야.
방송국을 견학하고 나서
아나운서가 되고 싶은
꿈이 더 커졌어.

②
방송국을 견학할 때에는 뛰어
다니거나 장난치지 않고,
질서를 잘 지켜야 해.

③
글쓴이는 친구들과 함께 숙
제를 하기 위해서 방송국을
견학했어.

④
아나운서처럼 뉴스를 진행할
때 화면에 나온 자기 얼굴을
보고 정말 신기했을 거야.

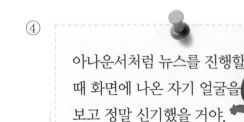

오늘 읽어 볼 글입니다. 차근차근 잘 읽고, 문제를 풀어 보세요.

지난 일요일, 놀이동산 무대에서 〈난타〉 공연을 보았다. 엄마는 칼이나 도마 같은 주방 도구들을 악기로 사용하는 공연이라고 하셨다.

공연이 시작되자 요리사 옷을 입은 네 명의 배우가 등장했다. 요리사들은 신 나는 음악에 맞춰 청소도 하고 채소도 옮겼다. 요리사 중 한 명이 도마 위에 당근을 올려놓고 칼로 다지자 나머지 요리사들도 오이와 양배추 등을 올려놓고 다지기 시작했다. 처음에는 천천히 다지다가 칼의 움직임이 보이지 않을 정도로 속도가 빨라졌다. 도마를 두드리는 속도만큼 내 심장도 뛰어서 마치 심장이 터질 것 같았다. 요리사들은 다진 채소로 국을 끓이고 신 나는 음악에 맞춰 양념통을 던지고 받았다. 배우들의 표정이 재미있어 웃음이 끊이지 않았다. 마지막에는 북을 치기 시작했다. 북에 담겨 있던 물이 팡팡 튀어 올랐다.

배우들의 힘찬 동작과 튀어 오르는 물의 모습이 환상적이었다. 부엌에서 사용하는 도구들로 이렇게 멋진 음악을 만들어 내다니! 공연은 끝났지만 도마를 두드리는 소리가 자꾸 귀에 맴돌았다.

다음은 앞에서 읽은 글의 내용을 한눈에 볼 수 있도록 정리한 글밥지도입니다. 보기
에서 알맞은 말을 골라 빈칸을 채워 보세요. 그리고 글에 알맞은 제목과 공연의 순
서를 찾아 선으로 이어 보세요.

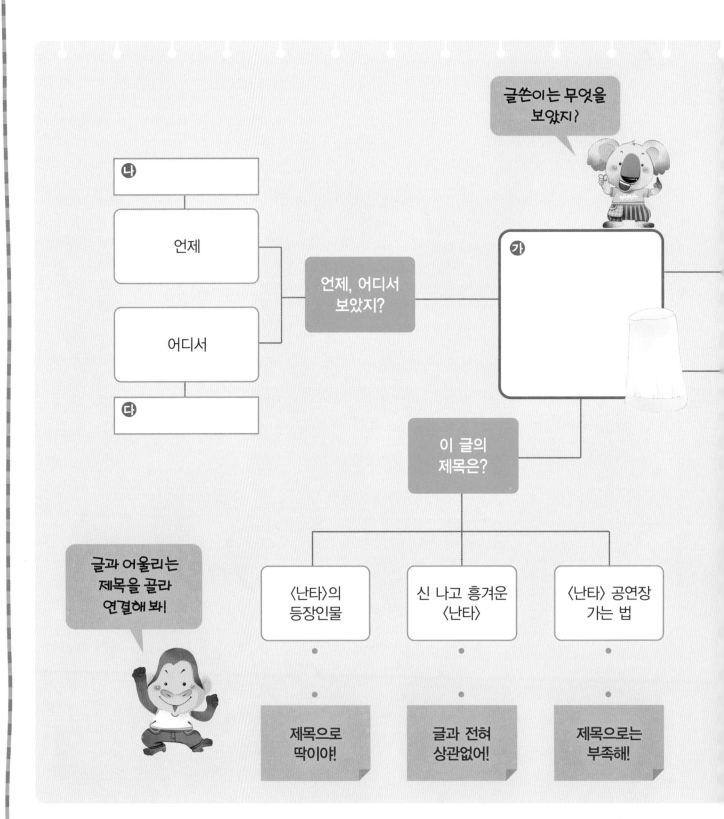

66

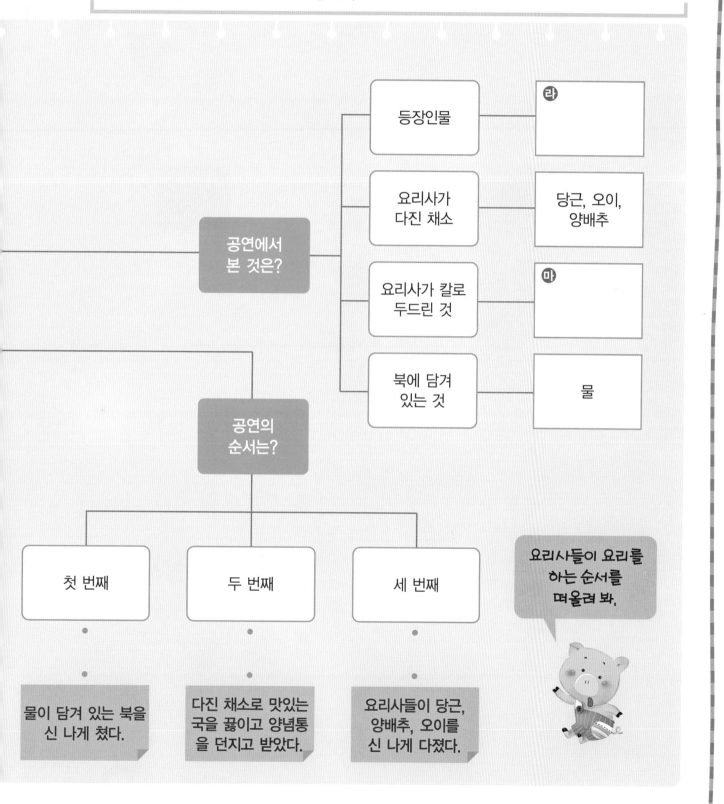

등장인물 ─ **라**

공연에서 본 것은?

요리사가 다진 채소 ─ 당근, 오이, 양배추

요리사가 칼로 두드린 것 ─ **마**

북에 담겨 있는 것 ─ 물

공연의 순서는?

첫 번째 · · 물이 담겨 있는 북을 신 나게 쳤다.

두 번째 · · 다진 채소로 맛있는 국을 끓이고 양념통을 던지고 받았다.

세 번째 · · 요리사들이 당근, 양배추, 오이를 신 나게 다졌다.

요리사들이 요리를 하는 순서를 떠올려 봐.

67

1 다음은 앞의 글에 나온 〈난타〉 공연의 장면입니다. 글쓴이가 각각의 장면을 보면서 느낀 점을 보기 에서 찾아 답해 보세요.

① _____   ② _____   ③ _____

보기

표정이 재미있다.   심장이 터질 것 같다.   환상적이다.

2 다음은 앞의 글을 읽은 친구들의 대화입니다. 가장 바르지 <u>못한</u> 의견을 내고 있는 친구는 누구인가요?

① 도마를 두드려서 신 나는 리듬을 만든 것이 신기해. 나도 집에 있는 바가지나 그릇을 두드려 봐야지.

② 칼로 두드리는 것을 따라하면 위험해. 대신 나무 막대기나 젓가락으로 두드려 봐.

③ 도마를 세게 두드릴수록 리듬이 빨라지고, 채소도 더 높이 튀어 오를 거야.

④ 공연을 이해하기 쉬웠던 까닭은 배우들이 말을 주고 받으면서 공연을 했기 때문이야.

오늘 읽어 볼 글입니다. 차근차근 잘 읽고, 문제를 풀어 보세요.

가자 가자 놀러 가자
뒷동산에 놀러 가자
꽃도 따고 소꿉 놀겸
겸사겸사 놀러 가자.

복순일랑 색시하고
이쁜일랑 신랑 삼아
꽃을 풀을 모아다가
조가비로 솥을 걸고
재미있게 놀아 보자.

❶ **겸사겸사** : 한 번에 여러 가지 일을 하려고

글밥지도
그리기

다음은 앞에서 읽은 글의 내용을 한눈에 볼 수 있도록 정리한 글밥지도입니다. 보기
에서 알맞은 말을 골라 빈칸을 채워 보세요. 그리고 글에 알맞은 제목을 찾아 선으
로 이어 보세요.

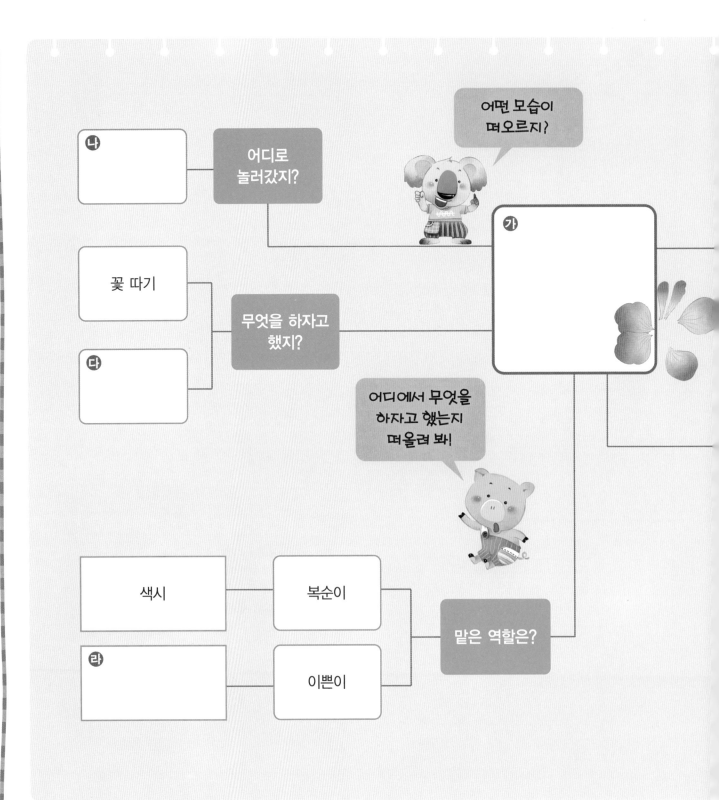

어떤 모습이
떠오르지?

나

어디로
놀러갔지?

가

꽃 따기

무엇을 하자고
했지?

다

어디에서 무엇을
하자고 했는지
떠올려 봐!

색시

복순이

라

이쁜이

맡은 역할은?

보기
① 옛날의 결혼식 모습 ② 소꿉놀이하는 모습 ③ 뒷동산
④ 소꿉놀이 ⑤ 꽃 따는 놀이 ⑥ 놀러 가자
⑦ 신랑 ⑧ 엄마

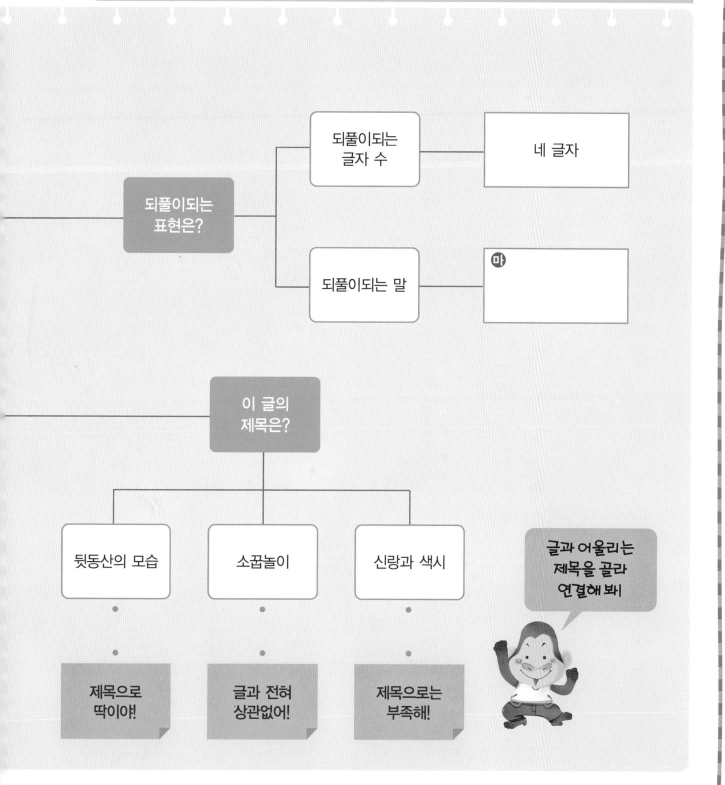

1 앞의 글은 소꿉놀이하는 모습을 재미있게 표현한 전래 동요입니다. 보기 에서 놀러 가고 싶은 곳과 하고 싶은 것을 골라 새로운 노랫말을 지어 보세요.

가자 가자 놀러 가자
뒷동산에 놀러 가자
꽃도 따고 소꿉 놀겸
겸사겸사 놀러 가자.

가자 가자 놀러 가자

☐ 에 놀러 가자

☐ ☐

겸사겸사 놀러 가자.

보기
수영장	놀이터
동물원	간식 먹고
수영하고	그네 타고
뛰어놀고	축구하고
동물 보고	먹이 주고

가자 가자 놀러 가자
쥐구멍에 놀러 가자

2 다음은 앞의 글을 읽은 친구들의 대화입니다. 가장 바르지 <u>못한</u> 의견을 내고 있는 친구는 누구인가요?

① 소꿉놀이를 하는 아이들의 모습이 떠올라서 즐겁고 귀여운 느낌이 들어.

② 옛날 어린이들은 소꿉놀이 장난감이 없었나 봐. 조가비로 솥을 만들다니 정말 불쌍해.

③ 글자 수가 네 글자씩 반복되어 노래하는 것처럼 리듬감이 느껴져.

④ 나도 친구들과 소꿉놀이를 한 적이 있어. 난 엄마 역할을 했는데 정말 재미있었지.

 오늘 읽어 볼 글입니다. 차근차근 잘 읽고, 문제를 풀어 보세요.

20○○년 ○○월 ○○일   날씨 : 가만히 있어도 땀이 남

　우리 집 토끼 '토순이'가 아프다. 내가 이름을 부르면 기다란 귀를 쫑긋거리던 녀석이 오늘 저녁에는 잔뜩 웅크리고만 있었다.

　"토순아, 왜 이렇게 힘이 없어? 배가 고파 그런 거야?"

　나는 토순이가 제일 좋아하는 마른 풀을 주었다. 평소 토순이라면 재빨리 두 발로 움켜쥐고 맛있게 갉아먹었을 텐데, 오늘은 쳐다보지도 않았다. 그때 퇴근하고 오신 아빠가 "진수야, 오늘 토순이 목욕시켰니?" 하고 물으셨다. 내가 고개를 끄덕이자 아빠는 "진수야, 토끼는 목욕을 시키면 안 된단다. 목욕을 시키면 스트레스를 받을 수도 있고, 귀에 물이 들어가서 죽을 수도 있단다. 토끼는 스스로 몸을 깨끗하게 관리하는 동물이라 목욕을 시키지 않아도 돼."라고 하셨다. "그럼 우리 토순이 죽어요?" 하며 내가 엉엉 울자 아빠는 하루 정도 지나면 괜찮아질 거라고 하셨다.

　'토순아, 미안해. 다음부터는 목욕을 시키지 않을게.'

　나는 마음속으로 토순이에게 용서를 빌었다.

다음은 앞에서 읽은 글의 내용을 한눈에 볼 수 있도록 정리한 글밥지도입니다. 보기 에서 알맞은 말을 골라 빈칸을 채워 보세요. 그리고 글에 알맞은 제목을 찾아 선으로 이어 보세요.

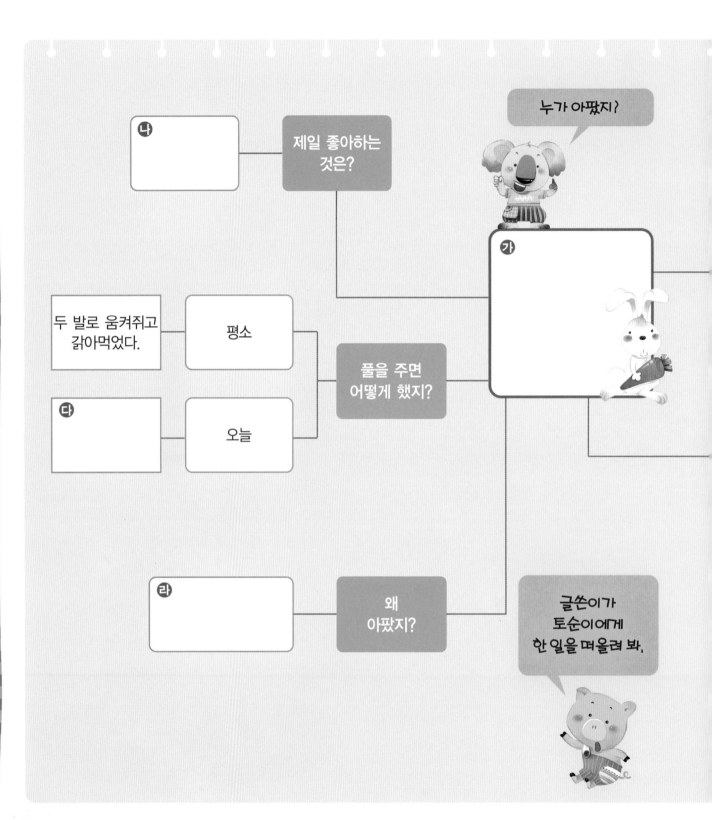

보기

① 토끼 '토순이' ② 목욕을 시켜서 ③ 마른 풀
④ 젖은 풀 ⑤ 쳐다보지도 않았다. ⑥ 한 발로 쥐고 갉아먹었다.
⑦ 토끼가 즐거워한다. ⑧ 토끼가 스트레스를 받는다.

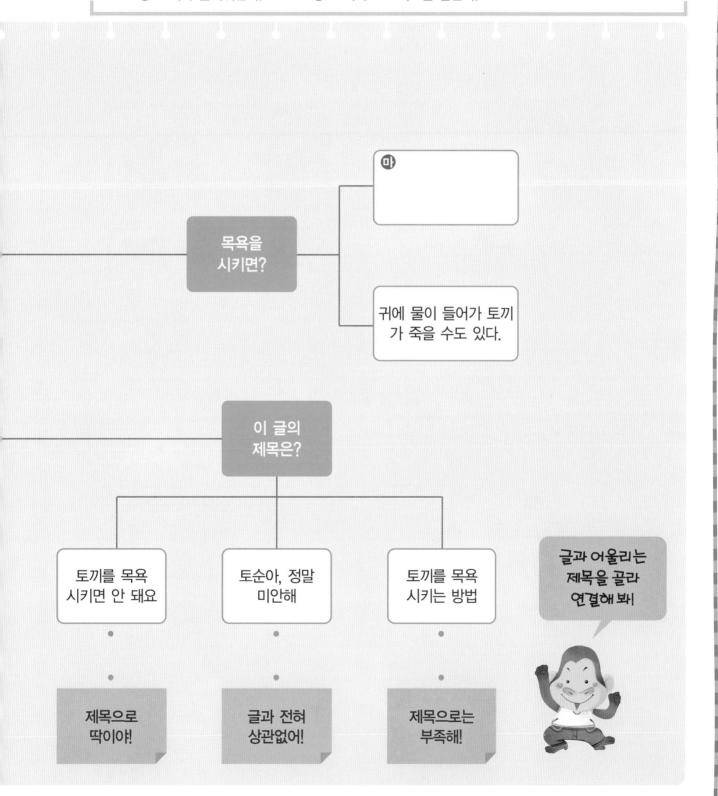

목욕을
시키면?

마

귀에 물이 들어가 토끼
가 죽을 수도 있다.

이 글의
제목은?

토끼를 목욕
시키면 안 돼요

토순아, 정말
미안해

토끼를 목욕
시키는 방법

글과 어울리는
제목을 골라
연결해 봐!

제목으로
딱이야!

글과 전혀
상관없어!

제목으로는
부족해!

1 글쓴이는 아빠의 말씀을 듣고 난 후, 토끼를 목욕시키면 안 된다는 것을 알았습니다. 아빠의 말씀을 듣기 전과 듣고 난 후 글쓴이의 마음은 어땠을지 보기에서 골라 답해 보세요.

토순아, 왜 그래? 어디 아파?

토순아, 다시는 목욕시키지 않을게.

① _____

② _____

보기

| 미안하다. | 사랑스럽다. | 짜증난다. | 걱정스럽다. |

2 다음은 앞의 글을 글을 읽은 친구들의 대화입니다. 가장 바르지 <u>못한</u> 의견을 내고 있는 친구는 누구인가요?

① 이제 토순이가 아프지 말고 건강하게 잘 자랐으면 좋겠어.

② 나라면 토순이의 귀에 물이 들어가지 않도록 주의해서 목욕을 시켰을 거야.

③ 토끼는 스스로 몸을 깨끗히 관리하는 동물이라 목욕을 시킬 필요가 없구나.

④ 토순이가 두 발로 풀을 움켜 쥐고 갉아먹는 모습이 무척 귀여울 것 같아.

오늘 읽어 볼 글입니다. 차근차근 잘 읽고, 문제를 풀어 보세요.

   우리 마을, '용소골'을 소개합니다. 용소골은 '용이 살던 연못이 있는 마을'이라는 뜻이에요. 지금도 산 중턱에 작은 연못이 남아 있고, 연못 앞에는 용 모양의 동상❶이 세워져 있답니다.

   마을의 입구에는 솟대가 세워져 있어요. 솟대는 원래 한 해의 마지막 달인 12월에, 다음해에 풍년❷이 들기를 바라는 마음으로 볍씨를 주머니에 넣어서 높게 매달아 놓은 장대를 말하는 것이에요. 솟대가 있는 것을 보면 우리 마을은 아주 오랜 옛날에는 농촌이었던 모양이에요.

   마을 언덕에는 고인돌이 있어요. 바닥이 고르고 판판한 큰 돌을 돌기둥 위에 세워 놓은 고인돌은 아주 옛날, 글자도 없던 시절에 살았던 사람들의 무덤이라고 해요. 선생님께서 그러시는데, 고인돌이 있다는 것은 우리 마을에 아주 오래 전부터 사람들이 살았다는 것을 보여 주는 것이래요.

   비록 큰 마을은 아니지만, 나는 솟대와 고인돌이 있고, 친절한 사람들이 많은 우리 마을이 정말 좋아요.

❶ **동상** : 구리로 사람이나 동물의 모양을 만든 것
❷ **풍년** : 곡식이 잘 자라고 여물어 많이 거두어들인 해

글밥지도 그리기

다음은 앞에서 읽은 글의 내용을 한눈에 볼 수 있도록 정리한 글밥지도입니다. 보기 에서 알맞은 말을 골라 빈칸을 채워 보세요. 그리고 글에 알맞은 제목을 찾아 선으로 이어 보세요.

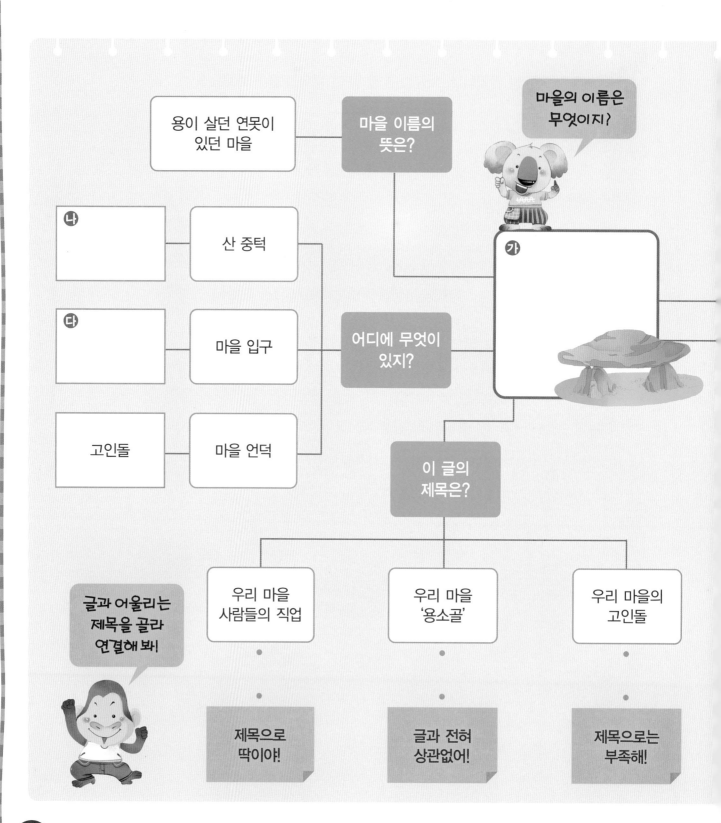

마을의 이름은 무엇이지?

용이 살던 연못이 있던 마을 — 마을 이름의 뜻은?

나 — 산 중턱

다 — 마을 입구 — 어디에 무엇이 있지?

고인돌 — 마을 언덕

가

이 글의 제목은?

글과 어울리는 제목을 골라 연결해 봐!

우리 마을 사람들의 직업

우리 마을 '용소골'

우리 마을의 고인돌

제목으로 딱이야!

글과 전혀 상관없어!

제목으로는 부족해!

보기

① 용소골　　② 용 마을　　③ 작은 연못　　④ 옛날 사람들의 무덤

⑤ 솟대　　　⑥ 마을 주변　　⑦ 마을 언덕　　⑧ 볍씨 주머니를 매달아 놓은 장대

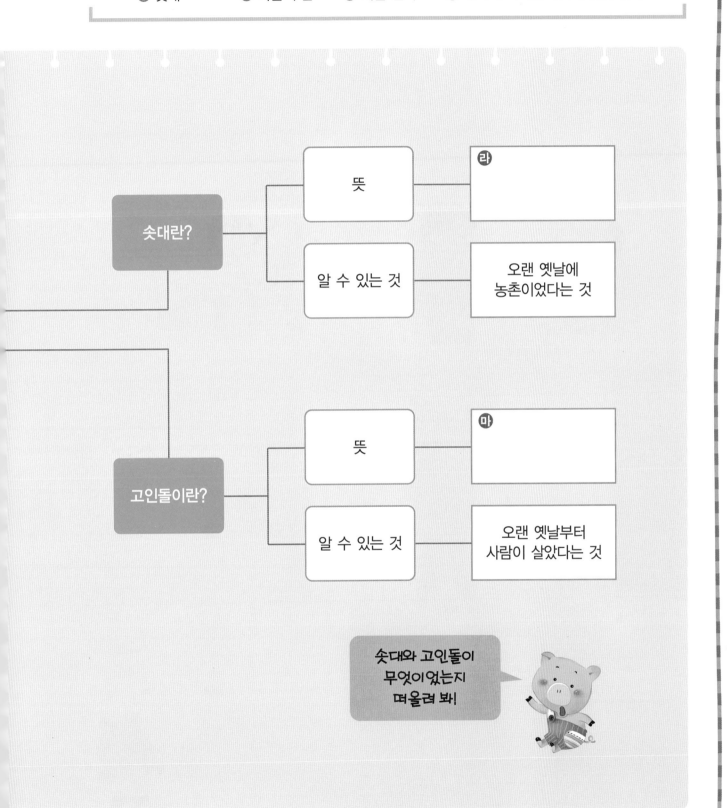

솟대란?
　→ 뜻 ── 라 [　　　]
　→ 알 수 있는 것 ── 오랜 옛날에 농촌이었다는 것

고인돌이란?
　→ 뜻 ── 마 [　　　]
　→ 알 수 있는 것 ── 오랜 옛날부터 사람이 살았다는 것

솟대와 고인돌이 무엇이었는지 떠올려 봐!

1 친구들이 사는 마을에는 무엇이 있나요? 친구들이 사는 마을 이름과 마을에 있는 것을 말풍선 안에 써 보세요.

우리 마을 이름은
효자동이야.
우리 마을에는 호수공원과
놀이터가 있어.

우리 마을 이름은
한강동이야.
우리 마을에는 구청,
어린이 병원이 있어.

2 다음은 앞의 글을 읽은 친구들의 대화입니다. 가장 바르지 <u>못한</u> 의견을 내고 있는 친구는 누구인 가요?

① 글쓴이가 사는 마을에 솟대
와 고인돌이 있고, 마을
사람들도 친절하구나.

② 마을을 소개하려면 마을에
대해 잘 알고 있어야겠지?
나도 우리 마을에 무엇이
있는지 관심을 가져야겠어.

③ 용소골은 용이 살던 연못이
있던 마을이라는 뜻이구나.
마을 이름에 담긴 뜻이
재미있어.

④ 마을 언덕에 있는 고인돌은
용소골에 돌이 아주 많다는
것을 알려 주고 있어.

오늘 읽어 볼 글입니다. 차근차근 잘 읽고, 문제를 풀어 보세요.

나는 평소에 곤충을 좋아하고 곤충에 대하여 알고 싶은 것이 많다. 그래서 학교 도서관에서 〈곤충들의 세계〉를 읽어 보았다.

이 책에서 가장 인상 깊었던 곤충은 한여름의 가수 매미였다. 1년 만에 알에서 깨어난 매미의 애벌레는 개미나 거미 같은 무서운 적을 피해 땅속으로 들어간다. 애벌레는 땅속에서 나무뿌리의 즙을 빨아먹으며 여러 번의 허물을 벗고 자란다. 이렇게 땅속에서 6년을 보낸 후에야 비로소 땅 위로 올라와 어른 매미가 된다. 하지만 어른 매미는 겨우 2주 정도만 살고 죽는다고 한다. 7년을 어두운 땅속에서 보내고, 땅 위에서 노래할 수 있는 시간은 겨우 2주뿐 이라니 매미가 참 불쌍해 보였다. 그래서 매미는 그렇게 목청껏 노래를 하나 보다.

매미는 노래도 잘하지만 마음씨도 곱다. 매미가 나무의 즙을 빨아 먹으려고 나무에 구멍을 내면 다른 곤충들도 찾아와 한데 어울려 먹는다고 한다.

이 책을 읽고 나니, 이제는 한여름에 시끄럽게 울어 대는 매미가 밉지 않을 것 같다.

❶ **애벌레** : 알에서 나온 후 아직 다 자라지 아니한 벌레
❷ **허물** : 파충류, 곤충 따위가 자라면서 벗는 껍질

다음은 앞에서 읽은 글의 내용을 한눈에 볼 수 있도록 정리한 글밥지도입니다. 보기에서 알맞은 말을 골라 빈칸을 채워 보세요. 그리고 글에 알맞은 제목을 찾아 선으로 이어 보세요.

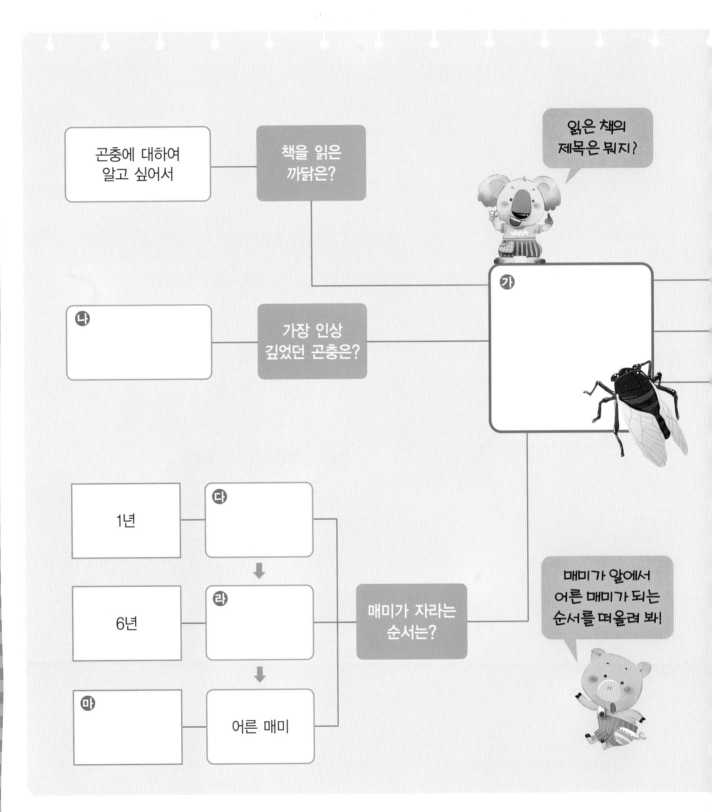

곤충에 대하여 알고 싶어서

책을 읽은 까닭은?

읽은 책의 제목은 뭐지?

가

나

가장 인상 깊었던 곤충은?

1년

다

6년

라

마

어른 매미

매미가 자라는 순서는?

매미가 알에서 어른 매미가 되는 순서를 떠올려 봐!

보기

① 한여름의 가수   ② 곤충들의 세계   ③ 거미
④ 매미   ⑤ 애벌레   ⑥ 알
⑦ 2주   ⑧ 한 달

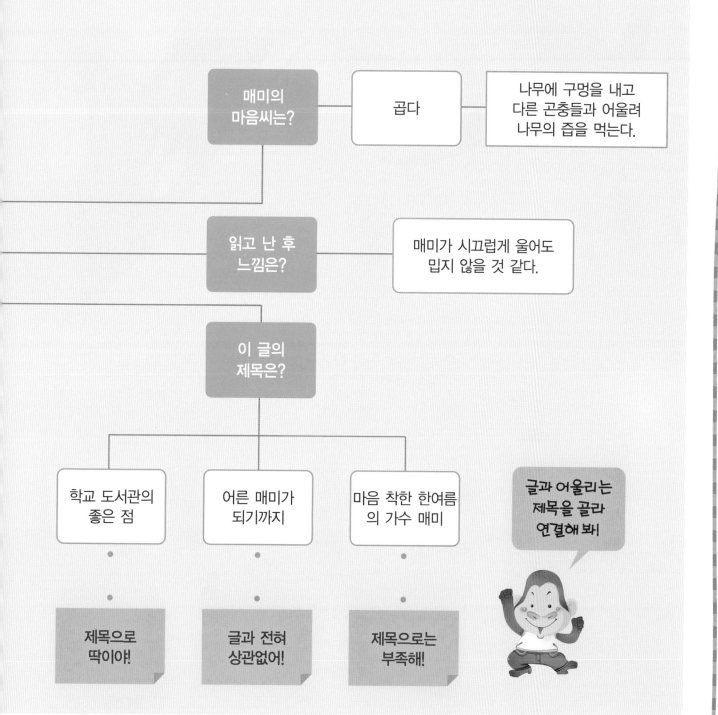

| 매미의 마음씨는? | 곱다 | 나무에 구멍을 내고 다른 곤충들과 어울려 나무의 즙을 먹는다. |

| 읽고 난 후 느낌은? | 매미가 시끄럽게 울어도 밉지 않을 것 같다. |

이 글의 제목은?

학교 도서관의 좋은 점 → 제목으로 딱이야!

어른 매미가 되기까지 → 글과 전혀 상관없어!

마음 착한 한여름의 가수 매미 → 제목으로는 부족해!

글과 어울리는 제목을 골라 연결해 봐!

83

1 매미는 땅속에서 7년을, 땅 위로 올라와서는 겨우 2주를 보내고 죽습니다. 친구들이 매미라면 어른 매미가 되기까지 어떤 생각을 할지 써 보세요.

이제 곧 땅위로 나갈 수 있다니 기뻐.

좁은 알 속은 답답해. 빨리 밖으로 나가고 싶어.

2 다음은 앞의 글을 읽은 친구들의 대화입니다. 가장 바르지 <u>못한</u> 의견을 내고 있는 친구는 누구인가요?

① 7년을 땅속에 있다가 겨우 2주 동안만 노래하고 죽는 매미가 불쌍해.

② 〈곤충들의 세계〉라는 책에는 매미 외에 또 어떤 곤충들에 대한 내용이 실려 있을지 궁금해. 나도 읽어 봐야지.

③ 글쓴이처럼 책을 읽고 독서 감상문을 쓰면 책의 내용을 오랫동안 기억할 수 있어.

④ 독서 감상문은 책의 내용을 모두 써야 해. 글쓴이처럼 인상 깊었던 것만 쓰면 안 돼.

꼼꼼히 집중하여 읽기

 오늘 읽어 볼 글입니다. 차근차근 잘 읽고, 문제를 풀어 보세요.

여름에게

여름아, 그동안 잘 지냈니? 정말 반가워.

올해는 더위가 빨리 시작되어서 여름이 빨리 온다고 해. 다른 사람들은 여름이 되면 덥다고 짜증을 내지만 나는 너를 빨리 만날 수 있어서 너무 신 나.

나는 봄, 여름, 가을, 겨울 중에서 네가 제일 좋아. 왜냐하면, 네가 오면 여름 방학도 하고, 수영장에서 신 나는 물놀이도 하고, 가족 여행도 갈 수 있기 때문이야. 작년에는 지리산으로 놀러 갔었어. '쏴' 하고 쏟아지는 시원스러운 폭포가 아직도 눈에 선해. 이번 가족 여행은 어디로 갈지 정말 궁금해.

여름아, 내가 왜 너를 좋아하는지 이제 알겠지? 그런데 딱 한 가지 싫은 게 있어. 바로 모기야. 네가 모기 좀 쫓아 주면 안 될까? 어쩌면 너는 모기랑 단짝 친구인지도 모르겠다.

여름아, 신 나게 놀 수 있는 네가 있어서 정말 좋아. 올해도 멋진 날씨 부탁해.

○○월 ○○일
너를 좋아하는 은미가

다음은 앞에서 읽은 글의 내용을 한눈에 볼 수 있도록 정리한 글밥지도입니다. 보기
에서 알맞은 말을 골라 빈칸을 채워 보세요.

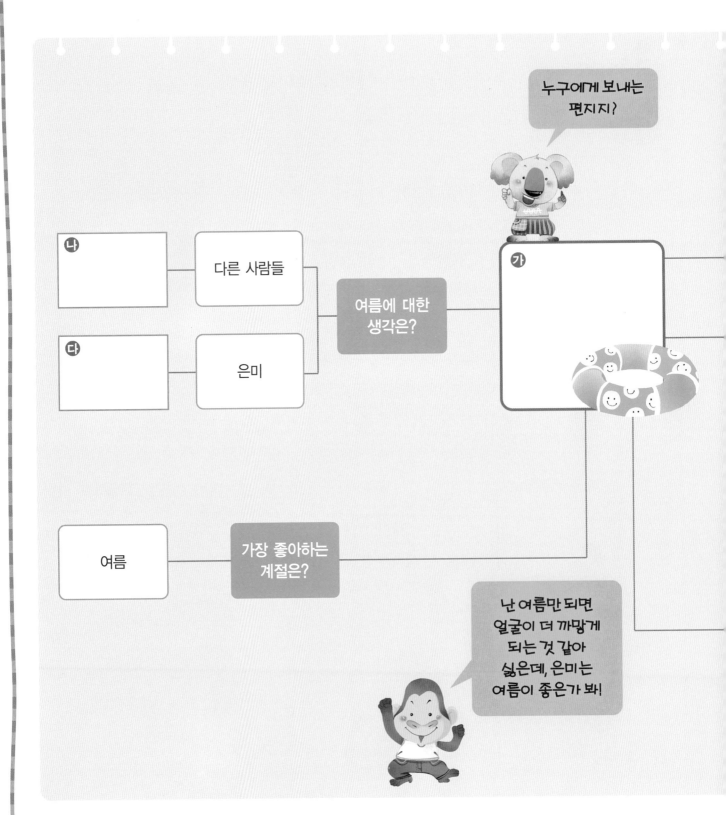

누구에게 보내는
편지지?

가

나

다른 사람들

여름에 대한
생각은?

다

은미

여름

가장 좋아하는
계절은?

난 여름만 되면
얼굴이 더 까맣게
되는 것 같아
싫은데, 은미는
여름이 좋은가 봐!

보기

① 여름
② 은미
③ 우울하다.
④ 신 난다.
⑤ 덥고 짜증이 난다.
⑥ 여름 방학을 해서
⑦ 친구들을 만날 수 있어서
⑧ 멋진 날씨

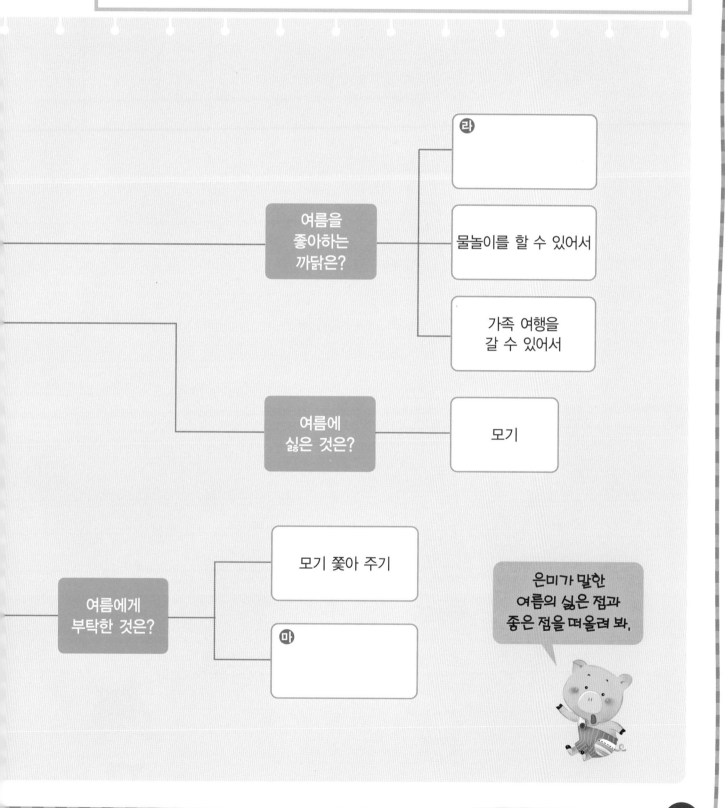

여름을
좋아하는
까닭은?

라

물놀이를 할 수 있어서

가족 여행을
갈 수 있어서

여름에
싫은 것은?

모기

여름에게
부탁한 것은?

모기 쫓아 주기

마

은미가 말한
여름의 싫은 점과
좋은 점을 떠올려 봐.

1 우리나라는 봄, 여름, 가을, 겨울로 사계절이 뚜렷합니다. 친구들이 좋아하는 계절을 가운데에 쓰고, 그 계절에 떠오르는 것을 빈칸에 써 보세요.

좋아하는 계절 :

나도 여름이 좋아, 시원한 아이스크림을 실컷 먹을 수 있거든.

나는 가을이 제일 좋아, 맛있는 과일이 많이 나오니까.

2 다음은 앞의 글을 읽은 친구들의 대화입니다. 가장 바르지 <u>못한</u> 의견을 내고 있는 친구는 누구인가요?

① 은미는 이번 여름에 지리산으로 가족 여행을 가는구나. 가족 여행이 정말 기다려지겠다.

② 나는 은미와 달리 겨울이 제일 좋아. 눈사람을 만들 수 있고, 스케이트도 탈 수 있으니까.

③ 은미는 상상력이 풍부한 것 같아. 모기와 여름이 단짝 친구라고 생각한 것이 재미있어.

④ 모든 사람들이 여름을 싫어하는 건 아니야. 은미처럼 여름을 좋아하는 사람도 있잖아.

 오늘 읽어 볼 글입니다. 차근차근 잘 읽고, 문제를 풀어 보세요.

20○○년 ○○월 ○○일   날씨 : 가만히 있어도 땀이 남

친구들과 함께 '내가 만약 선생님이라면' 이라는 주제로 이야기를 나누었다. 준모는 어린이들이 학교를 재미있는 곳으로 느끼도록 1교시에는 윷놀이 같은 신나는 게임을 하고, 2교시에는 귀신 이야기처럼 재미있는 이야기를 해 주고, 3교시에는 간식 시간을 만들겠다고 했다. 금영이는 어린이들이 건강하고 밝게 자랄 수 있도록 1교시에는 몸을 튼튼하게 만드는 체육 시간, 2교시에는 몸에 좋은 음식을 만들어 먹는 요리 시간, 3교시에는 하고 싶은 것을 마음껏 할 수 있는 자유 시간을 만들겠다고 했다.

나는 어린이들이 많은 것을 체험할 수 있도록 1교시에는 신기한 현상을 관찰할 수 있는 과학 실험 시간, 2교시에는 들로 나가 꽃과 나무 같은 식물을 관찰할 수 있는 식물 관찰 시간, 3교시에는 동물 관찰 시간을 만들겠다고 했다.

비록 실제로 이루어지기 힘든 일이지만, 내가 선생님이 되어 하고 싶은 일을 상상하니 정말 즐거웠다.

글밥지도
그리기

다음은 앞에서 읽은 글의 내용을 한눈에 볼 수 있도록 정리한 글밥지도입니다. 보기
에서 알맞은 말을 골라 빈칸을 채워 보세요. 그리고 글에 알맞은 제목을 찾아 선으
로 이어 보세요.

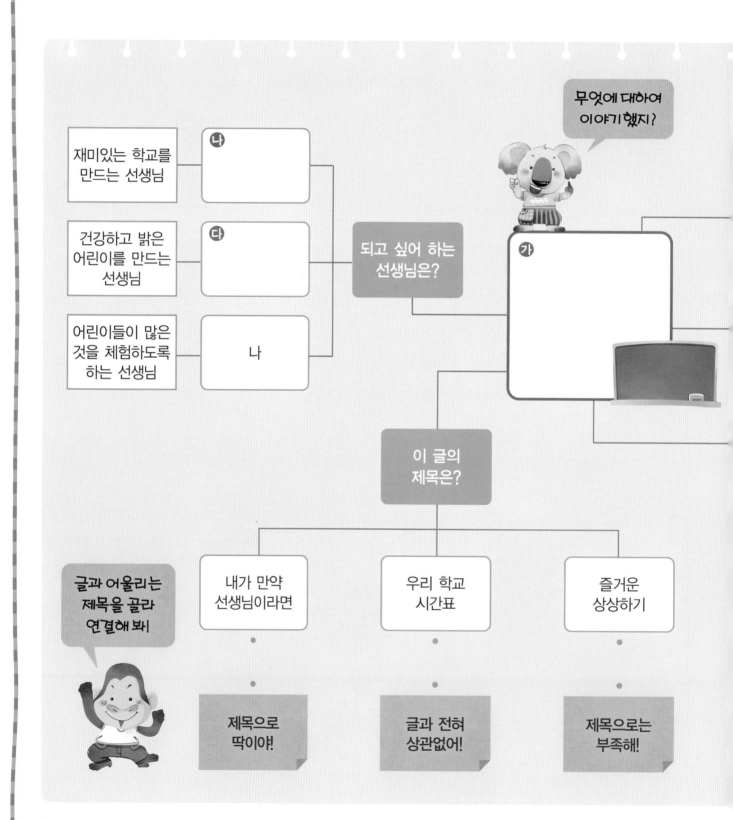

재미있는 학교를
만드는 선생님

나

건강하고 밝은
어린이를 만드는
선생님

다

어린이들이 많은
것을 체험하도록
하는 선생님

나

되고 싶어 하는
선생님은?

무엇에 대하여
이야기했지?

가

이 글의
제목은?

글과 어울리는
제목을 골라
연결해 봐!

내가 만약
선생님이라면

우리 학교
시간표

즐거운
상상하기

제목으로
딱이야!

글과 전혀
상관없어!

제목으로는
부족해!

보기

① 우리 반 선생님　　② 내가 만약 선생님이라면　　③ 금영

④ 준모　　⑤ 낮잠 시간　　⑥ 자유 시간

⑦ 과학 실험 시간　　⑧ 상상하기 시간

준모가 만든 시간표는?		
1교시	게임 시간
2교시	이야기 시간
3교시	간식 시간

금영이가 만든 시간표는?		
1교시	체육 시간
2교시	요리 시간
3교시	라

내가 만든 시간표는?		
1교시	마
2교시	식물 관찰 시간
3교시	동물 관찰 시간

1 글쓴이는 만약 선생님이 된다면 어떤 수업을 하고 싶은지에 대하여 이야기를 나누었습니다. 만약 친구들이 선생님이 된다면 어떤 수업을 하고 싶나요? 친구들이 하고 싶은 수업을 보기에서 골라 시간표를 만들어 보세요.

교시	수업 시간
1 교시	
2 교시	
3 교시	

보기

요리 시간	낮잠 시간
게임 시간	음악 시간
미술 시간	영화 감상 시간
체육 시간	독서 시간
실험 시간	자유 시간

친구들은 어떤
선생님이 되고 싶니?
멋진 시간표를
만들어 보렴!

2 다음은 앞의 글을 읽은 친구들의 대화입니다. 가장 바르지 <u>못한</u> 의견을 내고 있는 친구는 누구인가요?

① 준모, 금영, 글쓴이처럼 수업을 한다면 학교 가는 게 정말 신 날 것 같아.

② 일기는 그날그날 쓰는 것보다 주말에 한꺼번에 쓰는 게 더 편해.

③ 일기에는 날짜와 날씨를 빠뜨리지 않아야 해. 그래야 언제 있었던 일인지 알 수 있거든.

④ 날씨에 '가만히 있어도 땀이 남.' 이라고 쓴 것을 보니 날씨가 무척 더웠나 봐.

92

오늘 읽어 볼 글입니다. 차근차근 잘 읽고, 문제를 풀어 보세요.

엄마께서 해산물을 잔뜩 사 오셨다. 나는 살아 움직이는 꽃게가 신기해서 꽃게를 들어 이리저리 살펴보았다.

게는 온몸이 딱딱한 껍데기로 둘러싸여 있었다. 등딱지는 마름모 모양인데, 등딱지 양 옆에는 날카롭게 생긴 가시가 있었다. 가시를 만져 보니 따끔따끔해서 찔리면 무척 아플 것 같았다. 다리는 모두 열 개였는데, 집게발이 무척 컸다. 게는 집게처럼 생긴 두 개의 집게발로 먹이를 잡고, 적을 만나면 무기로도 사용한다고 한다. 또, 다른 게들을 만나면 집게발을 번쩍 들어 자신이 사는 곳임을 알린다고 한다. 게의 다리는 떨어져도 다시 생기기 때문에 위험할 때에는 다리를 떼어 버리고 도망간다고 한다.

"경호야, 꽃게를 암컷과 수컷으로 나누어 줄래? 이렇게 배가 넓적하고 둥그스름한 것은 암컷이고, 길쭉하고 세모 모양인 것은 수컷이란다. 암컷은 꽃게탕을 하고, 수컷은 찜통에 찔 거야."

나는 엄마께서 설명해 주신 대로 꽃게를 암컷과 수컷으로 나누었다.

꽃게를 관찰하고 나니, 꽃게는 무엇을 먹고 사는지, 게의 종류는 얼마나 되는지도 알고 싶어졌다.

❶ **해산물** : 바다에서 나는 동식물을 통틀어 이르는 말

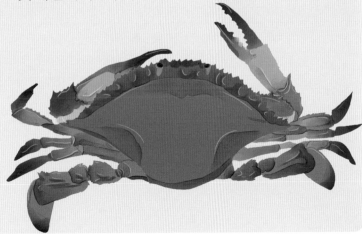

다음은 앞에서 읽은 글의 내용을 한눈에 볼 수 있도록 정리한 글밥지도입니다. 보기 에서 알맞은 말을 골라 빈칸을 채워 보세요. 그리고 글에 알맞은 제목을 찾아 선으로 이어 보세요.

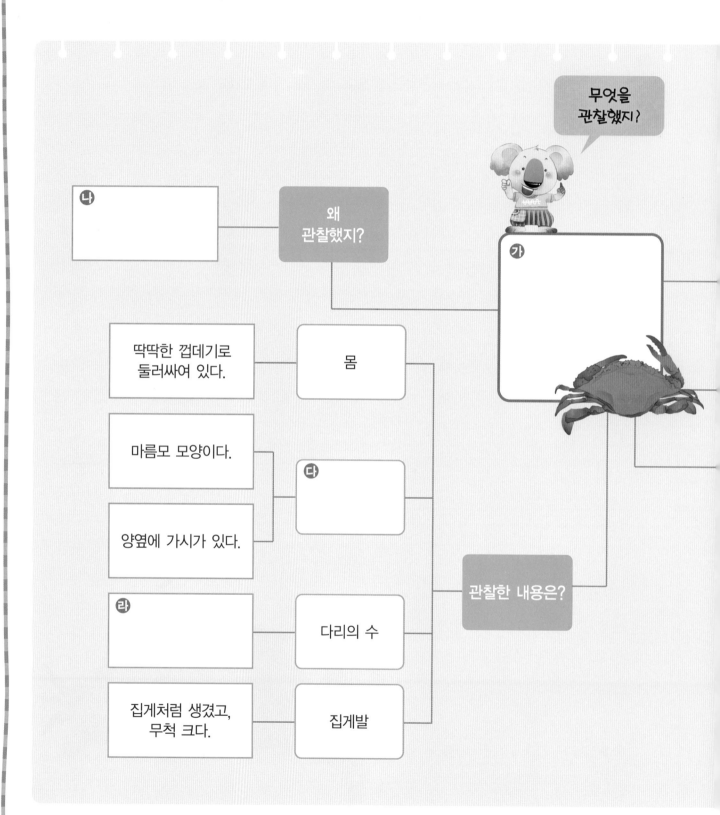

무엇을 관찰했지?

나 ▢

왜 관찰했지?

가

딱딱한 껍데기로 둘러싸여 있다.

몸

마름모 모양이다.

다

양옆에 가시가 있다.

라

다리의 수

관찰한 내용은?

집게처럼 생겼고, 무척 크다.

집게발

① 꽃게
② 해산물
③ 살아 움직이는 게 신기해서
④ 등딱지
⑤ 눈
⑥ 엄마가 해산물을 사 오셔서
⑦ 열 개
⑧ 다리를 떼어 버리고 도망간다.

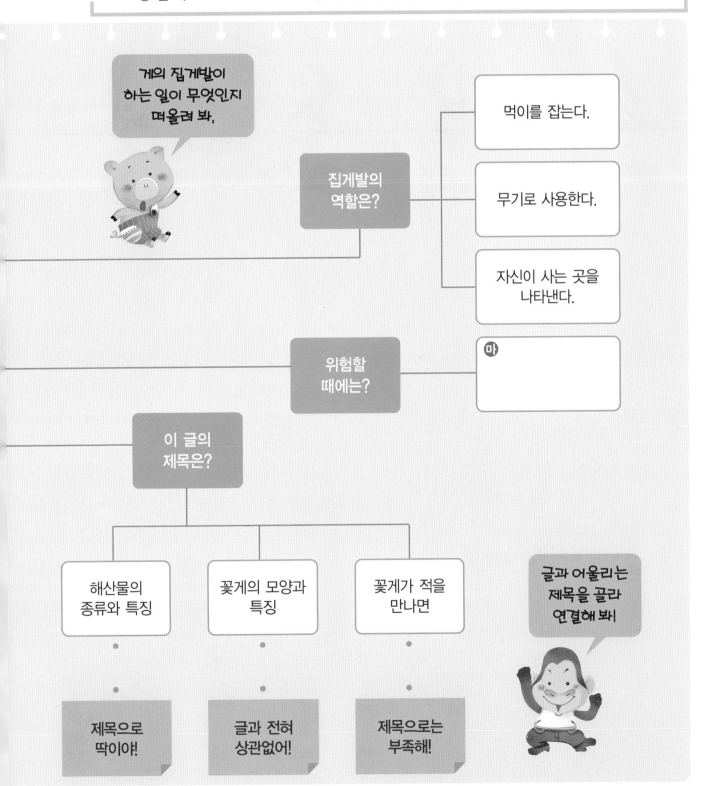

게의 집게발이 하는 일이 무엇인지 떠올려 봐.

집게발의 역할은?

먹이를 잡는다.

무기로 사용한다.

자신이 사는 곳을 나타낸다.

위험할 때에는?

마

이 글의 제목은?

해산물의 종류와 특징

꽃게의 모양과 특징

꽃게가 적을 만나면

글과 어울리는 제목을 골라 연결해 봐!

제목으로 딱이야!

글과 전혀 상관없어!

제목으로는 부족해!

1 앞에서 읽은 글에서 엄마께서는 게의 배 모양을 보고 암컷과 수컷을 구별할 수 있다고 하셨습니다. 꽃게의 배 모양을 보고, 암컷과 수컷으로 나누어 보세요.

① _____

② _____

> 암컷과 수컷의
> 배 모양이 어떻게 다른지
> 떠올려 보렴.

2 다음은 앞의 글을 읽은 친구들의 대화입니다. 가장 바르지 <u>못한</u> 의견을 내고 있는 친구는 누구인가요?

① 집게처럼 생겨서 집게발이라고 하나 봐. 집게발은 정말 쓸모가 많은 것 같아.

② 꽃게는 적을 만나면 다리를 떼어 버리고 도망가. 시간이 지나면 또 생기기 때문이야.

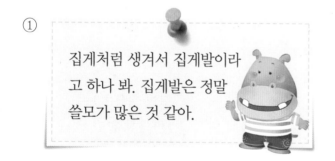

③ 적을 만났을 때, 꽃게처럼 몸의 한 부분을 떼어 버리고 도망가는 동물에는 또 어떤 것이 있을지 궁금해.

④ 게는 열 개의 다리를 모두 사용해서 먹이를 잡고, 적을 물리치는구나.

오늘 읽어 볼 글입니다. 차근차근 잘 읽고, 문제를 풀어 보세요.

　옛날, 구두 가게에서 구두를 만드는 할아버지가 살았어요. 하루 종일 구두를 만드느라 피곤했던 할아버지는 구두를 만들 가죽을 잘라 놓고 잠이 들었어요. 그런데 다음날 아침, 놀랍게도 멋진 구두가 만들어져 있었어요. 그 다음날도, 그 다음 다음날에도, 아침에 일어나 보면 멋진 구두가 만들어져 있었어요. 할아버지는 구두를 팔아 부자가 되었지요.

　할아버지와 할머니는 누가 구두를 만드는지 궁금했어요. 그래서 어느 날 밤, 커튼 뒤에 몰래 숨었어요. 밤 열두 시가 되자 벌거벗은 키 작은 요정 둘이 찾아와 눈 깜짝할 사이에 구두를 만들어 놓고 사라졌어요. 할아버지와 할머니는 벌거벗은 채로 돌아다니는 요정이 불쌍하기도 하고, 그동안 구두를 만들어 준 것이 고맙기도 해서 요정에게 보답을 하고 싶었어요. 그래서 할아버지는 구두를 만들고, 할머니는 옷을 만들어 탁자 위에 놓았어요. 이튿날, 밤 열두 시가 되자 또 요정들이 나타났어요. 요정들은 멋진 구두와 옷을 보고 폴짝폴짝 춤을 추며 문 밖으로 나간 후 다시 나타나지 않았어요. 할아버지는 구두를 만들 때마다 요정들을 생각하며 행복하게 살았어요.

다음은 앞에서 읽은 글의 내용을 한눈에 볼 수 있도록 정리한 글밥지도입니다. 보기 에서 알맞은 말을 골라 빈칸을 채워 보세요. 그리고 글에 알맞은 제목을 찾아 선으로 이어 보세요.

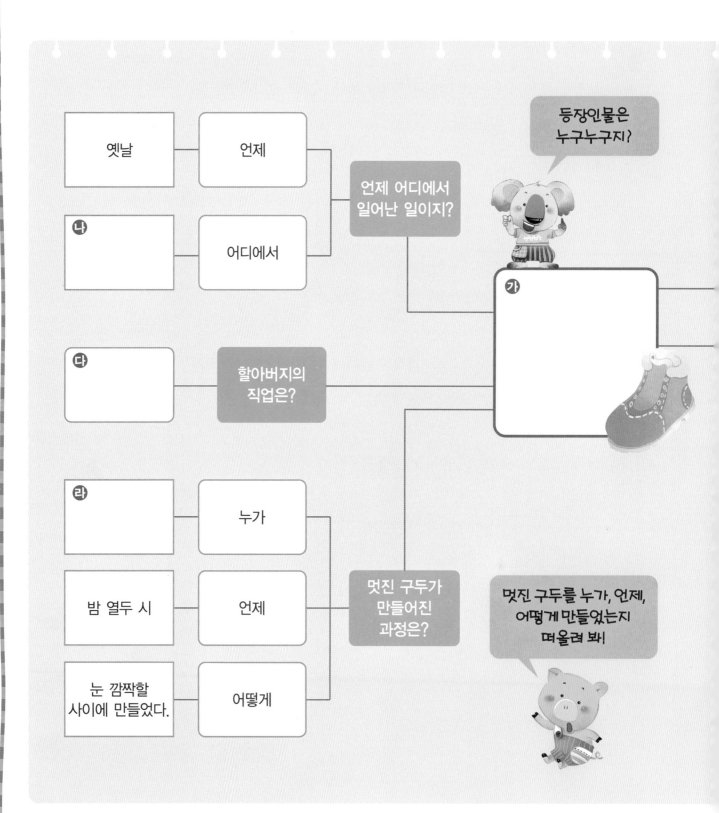

보기

① 할아버지, 요정들   ② 할아버지, 할머니, 요정들   ③ 구두 가게

④ 구두장이   ⑤ 요정들   ⑥ 할아버지

⑦ 옷   ⑧ 구두

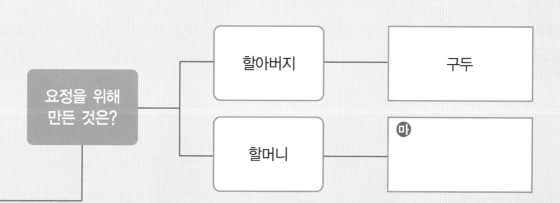

요정을 위해 만든 것은?

할아버지 — 구두

할머니 — 마

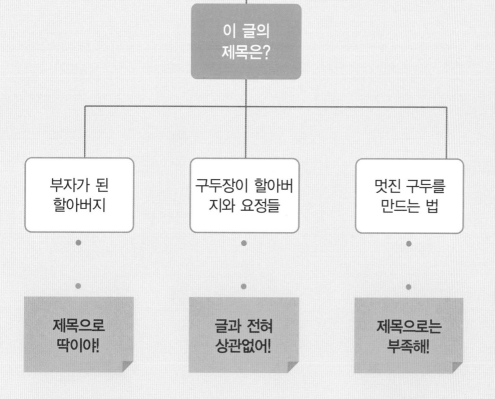

이 글의 제목은?

부자가 된 할아버지 → 제목으로 딱이야!

구두장이 할아버지와 요정들 → 글과 전혀 상관없어!

멋진 구두를 만드는 법 → 제목으로는 부족해!

글과 어울리는 제목을 골라 연결해 봐!

1 할아버지와 할머니는 벌거벗은 채로 돌아다니는 요정들을 위해 구두와 옷을 만들어 주었습니다. 친구들이 할아버지와 할머니라면 요정들에게 어떤 구두와 옷을 만들어 주고 싶은지 골라 ○표 해 보세요.

요정들에게 만들어 주고 싶은 구두

요정들에게 만들어 주고 싶은 옷

2 다음은 앞의 글을 읽은 친구들의 대화입니다. 가장 바르지 <u>못한</u> 의견을 내고 있는 친구는 누구인가요?

① 할아버지는 요정들이 만들어 준 멋진 구두를 팔아 부자가 되었어.

② 요정들에게 옷과 구두를 만들어 준 것을 보니 할아버지와 할머니는 마음이 따뜻한 것 같아.

③ 요정들이 옷과 구두를 선물 받고 폴짝폴짝 춤을 춘 걸 보니 무척 기뻤나 봐.

④ 요정들은 옷과 구두를 선물 받은 후 더 멋진 구두를 많이 만들어 주었어.

 오늘 읽어 볼 글입니다. 차근차근 잘 읽고, 문제를 풀어 보세요.

 어린이 여러분, 안녕? 나는 '달고나' 요리사예요. 여러분이 궁금해 하는 '달고나 만드는 법'을 설명해 줄게요.

 먼저 쇠로 만든 국자, 설탕, 소다, 젓가락, 쟁반이나 철판을 준비하세요.

 설탕을 쇠 국자에 넣고 약한 불에 서서히 녹이세요. 강한 불에 녹이면 설탕이 금방 타 버리거든요. 설탕이 녹기 시작하면 젓가락으로 천천히 저어 주세요. 설탕이 갈색을 띤 물처럼 녹으면 소다를 조금 넣으세요. 소다를 많이 넣으면 쓴맛이 나기 때문에 아주 조금만 넣어야 해요. 소다를 넣고 재빨리 저어 주면 설탕물이 연한 황토색으로 변하면서 부풀어오른답니다. 많이 저을수록 크게 부풀어 올라요. 하지만 너무 오래 저으면 설탕이 타 버리니 조심해야 해요. 이제 쟁반이나 철판에 부어 식히면, 딱딱하게 굳은 달콤한 달고나가 된답니다.

 달고나를 만들 때 특히 주의해야 할 점은 꼭 어른들과 같이 만들어야 한다는 거예요. 왜냐하면, 달고나를 만들 때에는 불을 사용하여 손을 데거나 불이 날 수 있기 때문이에요.

❶ **부풀어오르다** : 무엇의 부피가 점점 커지다

글밥지도
그리기

다음은 앞에서 읽은 글의 내용을 한눈에 볼 수 있도록 정리한 글밥지도입니다. 보기
에서 알맞은 말을 골라 빈칸을 채워 보세요. 그리고 글에 알맞은 제목을 찾아 선으
로 이어 보세요.

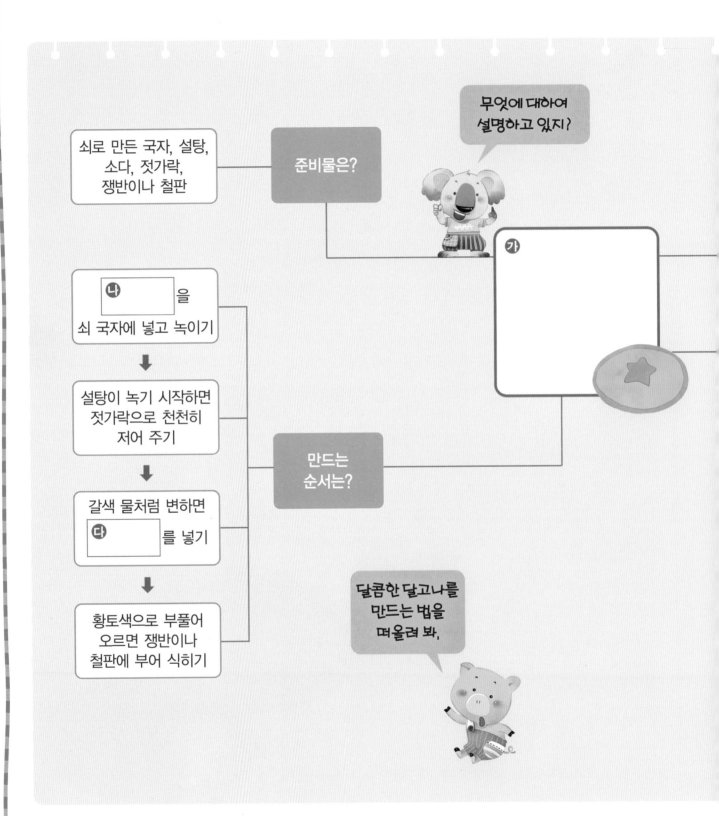

쇠로 만든 국자, 설탕,
소다, 젓가락,
쟁반이나 철판

준비물은?

무엇에 대하여
설명하고 있지?

가

나 을
쇠 국자에 넣고 녹이기

설탕이 녹기 시작하면
젓가락으로 천천히
저어 주기

만드는
순서는?

갈색 물처럼 변하면
다 를 넣기

황토색으로 부풀어
오르면 쟁반이나
철판에 부어 식히기

달콤한 달고나를
만드는 법을
떠올려 봐.

102

보기

① 달고나 만드는 법　　② 설탕 만드는 법　　③ 소다
④ 설탕　　　　　　　　⑤ 강한　　　　　　　　⑥ 약한
⑦ 조금　　　　　　　　⑧ 많이

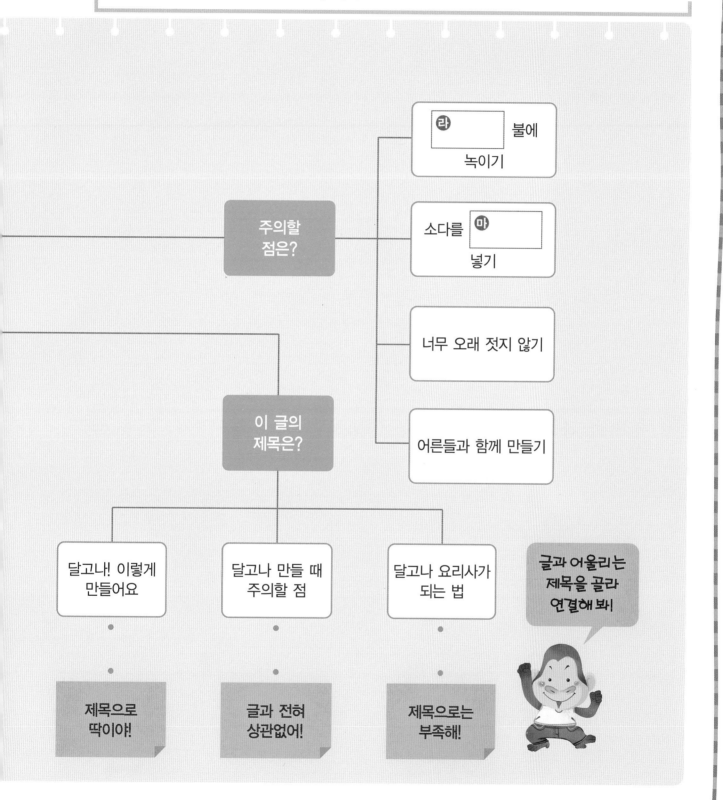

주의할 점은?

라 불에 녹이기

소다를 마 넣기

너무 오래 젓지 않기

어른들과 함께 만들기

이 글의 제목은?

달고나! 이렇게 만들어요 → 제목으로 딱이야!

달고나 만들 때 주의할 점 → 글과 전혀 상관없어!

달고나 요리사가 되는 법 → 제목으로는 부족해!

글과 어울리는 제목을 골라 연결해 봐!

1 달고나를 만들 때에는 주의할 점들이 많습니다. 주의해야 할 점과 그 까닭을 바르게 연결해 보세요.

| 설탕을 약한 불에 녹이기 | • | | • | 많이 넣으면 쓴맛이 나기 때문에 |

| 소다를 조금 넣기 | • | | • | 뜨거운 불에 손을 데거나 불이 날 수 있기 때문에 |

| 어른들과 함께 만들기 | • | | • | 설탕이 금방 타 버리기 때문에 |

달고나를 만들 때 어떤 점을 주의해야 하는지 떠올려 봐!

2 다음은 앞의 글을 읽은 친구들의 대화입니다. 가장 바르지 <u>못한</u> 의견을 내고 있는 친구는 누구인가요?

① 집에 쇠로 만든 국자가 없을 때는 플라스틱으로 만든 국자를 사용해도 돼.

② 달고나 만드는 방법을 잘 보고, 이번 주말에 부모님과 함께 만들어 봐야지.

③ 달고나 만드는 방법을 순서대로 자세히 설명해 주어서 이해하기 쉬웠어.

④ 소다를 넣으면 설탕을 녹인 물이 황토색으로 변하면서 크게 부풀어 오르는 게 신기해.

꼼꼼히 집중하여 읽기

글의 갈래	**주장하는 글**
걸린 시간	분 　 초

 오늘 읽어 볼 글입니다. 차근차근 잘 읽고, 문제를 풀어 보세요.

　요즈음 어린이들은 친구들과 대화를 나누면서 욕설을 하거나 나쁜 유행어를 따라 하기도 합니다. 자기도 모르게 아무 생각 없이 나쁜 말을 사용하는 어린이도 있지만 나쁜 말을 사용하는 것이 멋있는 줄 아는 어린이들도 많습니다. 지금부터라도 고운 말을 사용하도록 노력합시다.

　말은 그 사람의 됨됨이를 보여 줍니다. 고운 말을 사용하는 사람은 점잖고 예의 바르게 보입니다. 그러나 나쁜 말을 사용하는 사람은 성격이 나쁘고 예의 없게 보입니다.

　말은 우리의 생각과 마음에 영향을 줍니다. 고운 말을 사용하면 밝은 생각과 따뜻한 마음을 갖게 됩니다. 그러나 나쁜 말을 사용하면 자신도 모르게 폭력적이거나 어두운 성격을 갖게 되어 사람들이 멀리 하게 됩니다.

　고운 말을 사용하는 것은 사람 사이에 지켜야 할 기본적인 예의입니다. 고운 말을 사용하면 듣는 사람의 기분을 좋게 하여 좋은 사이가 될 수 있습니다. 그러나 거친 말이나 욕설을 사용하면 듣는 사람의 기분을 나쁘게 만들어 사이가 멀어질 수 있습니다.

　우리 모두 고운 말의 중요함을 깨닫고, 고운 말을 사용하도록 합시다.

다음은 앞에서 읽은글의 내용을 한눈에 볼 수 있도록 정리한 글밥지도입니다. 보기 에서 알맞은 말을 골라 빈칸을 채워 보세요. 그리고 글에 알맞은 제목을 선으로 이어 보세요.

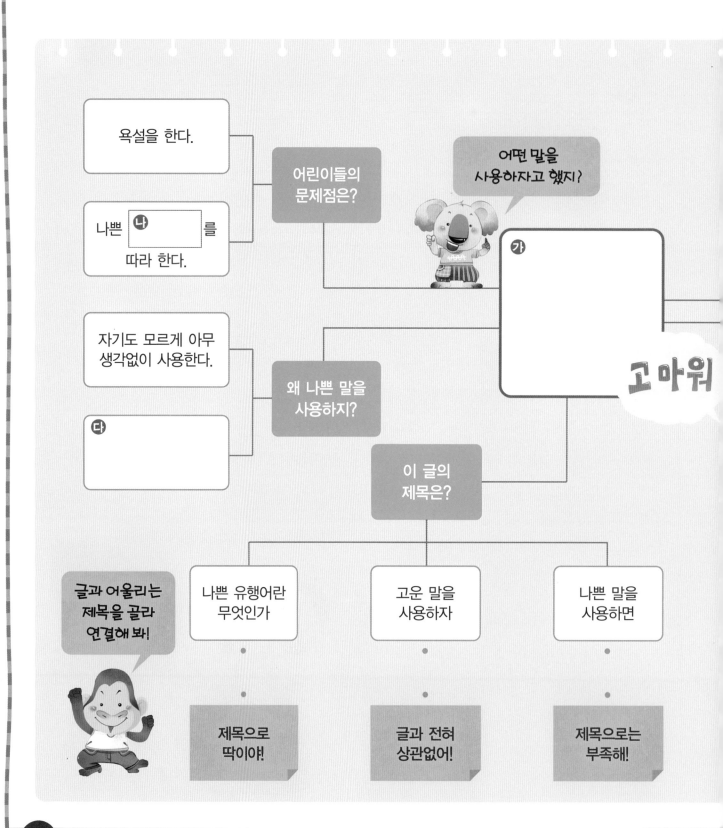

보기

❶ 나쁜 말　❷ 멋있는 줄 알고 사용한다.　❸ 유행어
❹ 대화　❺ 욕설　❻ 고운 말
❼ 멀어지게 된다.　❽ 밝은 생각과 따뜻한 마음

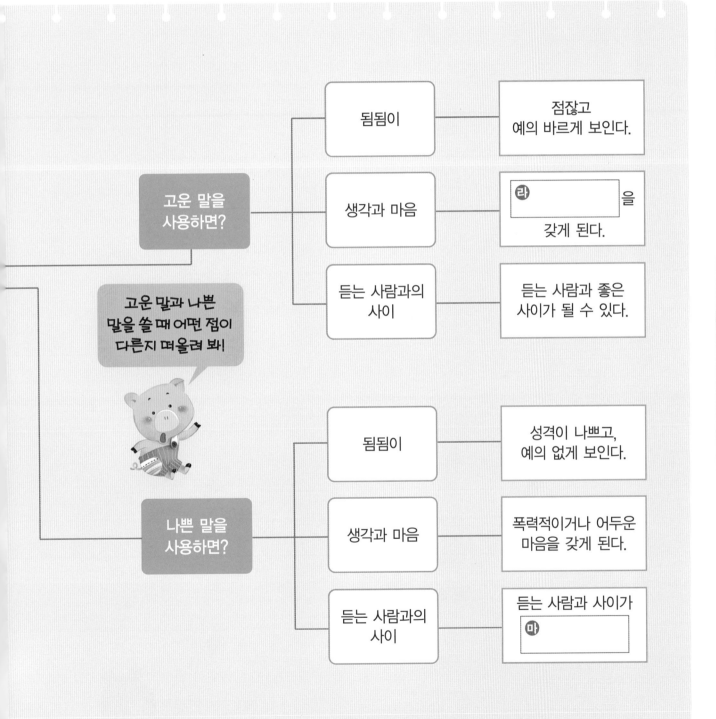

1 다음은 앞에서 읽은 글을 문제상황, 주장, 주장하는 까닭으로 나누어 정리한 것입니다. 잘못 정리한 것을 찾아 ∨표 해 보세요.

문제상황	요즘 어린이들이 욕설이나 나쁜 유행어를 따라 합니다.	
주장	고운 말을 사용하도록 노력합시다.	
까닭	① 말은 그 사람의 됨됨이를 보여 줍니다.	☐
	② 말은 우리의 생각과 마음에 영향을 줍니다.	☐
	③ 말은 듣는 사람과의 사이에 영향을 주지 않습니다.	☐

글쓴이가 주장에 대한 까닭으로 든 것이 무엇인지 생각해 보렴.

2 다음은 앞의 글을 읽은 친구들의 대화입니다. 가장 바르지 <u>못한</u> 의견을 내고 있는 친구는 누구인가요?

① "가는 말이 고와야 오는 말이 곱다."라는 속담이 생각났어.

② 고운 말을 사용하든 나쁜 말을 사용하든, 우리가 자라는 데에는 아무 상관이 없어.

③ 우리 반에도 말할 때마다 욕설을 하는 아이가 있어. 그래서 친구들이 그 아이를 싫어해.

④ 좋은 어른이 되려면 어릴 때부터 고운 말을 사용하는 습관을 길러야 해.

 오늘 읽어 볼 글입니다. 차근차근 잘 읽고, 문제를 풀어 보세요.

소망초등학교 어린이들은 지난 6월 7일부터 9일까지 충청남도에 있는 씽씽목장에서 목장 체험을 했다. 송아지 우유 먹이기, 소똥 치우기, 마른 풀 나르기, 소젖 짜기 등 다양한 프로그램으로 진행된 이번 행사는 어린이들이 우유가 만들어지는 과정을 직접 체험해 보면서 우유의 소중함을 알도록 하기 위해 마련된 것이다.

목장 체험 첫날, 어린이들은 소를 보고 놀라고 옷에 묻은 소똥을 보며 울기도 했다. 그러나 마지막 날에는 옷에 묻은 소똥이나 흙에도 아랑곳하지 않고 일을 척척 해냈다. 김성규 어린이는 "소의 젖을 짜 본 것은 태어나서 처음이에요."라고 했고, 최소희 어린이는 "마른 풀을 나를 때에는 힘들었지만 소들이 맛있게 먹는 모습을 보니 마치 제가 엄마가 된 거 같았어요."라고 말했다.

목장 체험을 마친 어린이들은 "우유가 만들어지기까지 이렇게 많은 분들이 고생하는 줄 몰랐어요. 앞으로는 한 방울의 우유도 남기지 않고 다 먹어야겠어요."라고 입을 모았다.

○○○ 기자

다음은 앞에서 읽은 글의 내용을 한눈에 볼 수 있도록 정리한 글밥지도입니다. 보기 에서 알맞은 말을 골라 빈칸을 채워 보세요. 그리고 글에 알맞은 제목을 찾아 선으로 이어 보세요.

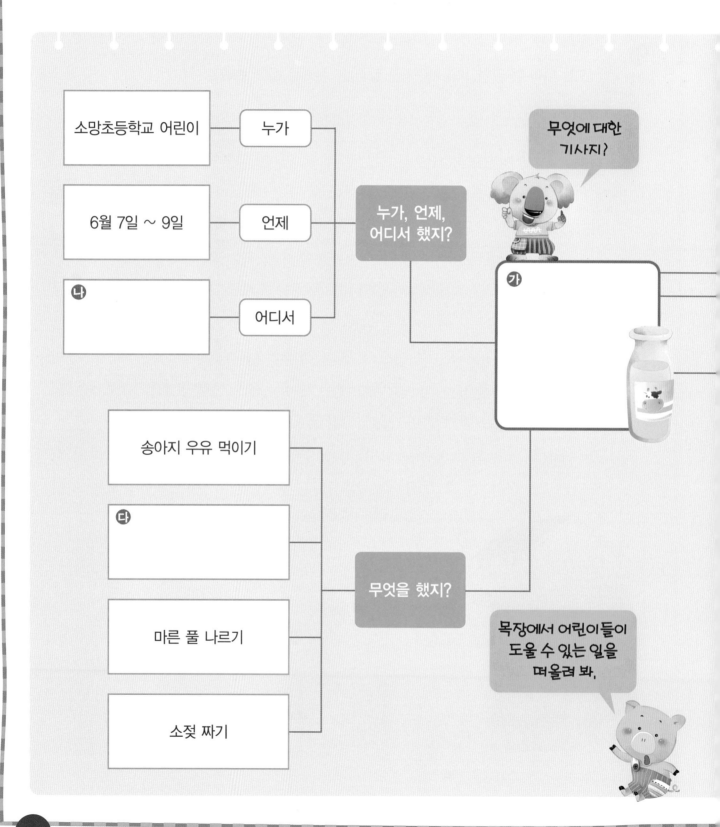

소망초등학교 어린이 — 누가

6월 7일 ~ 9일 — 언제

나 — 어디서

누가, 언제, 어디서 했지?

무엇에 대한 기사지?

가

송아지 우유 먹이기

다

마른 풀 나르기

소젖 짜기

무엇을 했지?

목장에서 어린이들이 도울 수 있는 일을 떠올려 봐.

보기

❶ 목장 체험 ❷ 송아지 ❸ 씽씽 목장

❹ 소똥 치우기 ❺ 소똥 관찰하기 ❻ 소

❼ 우유 ❽ 엄마

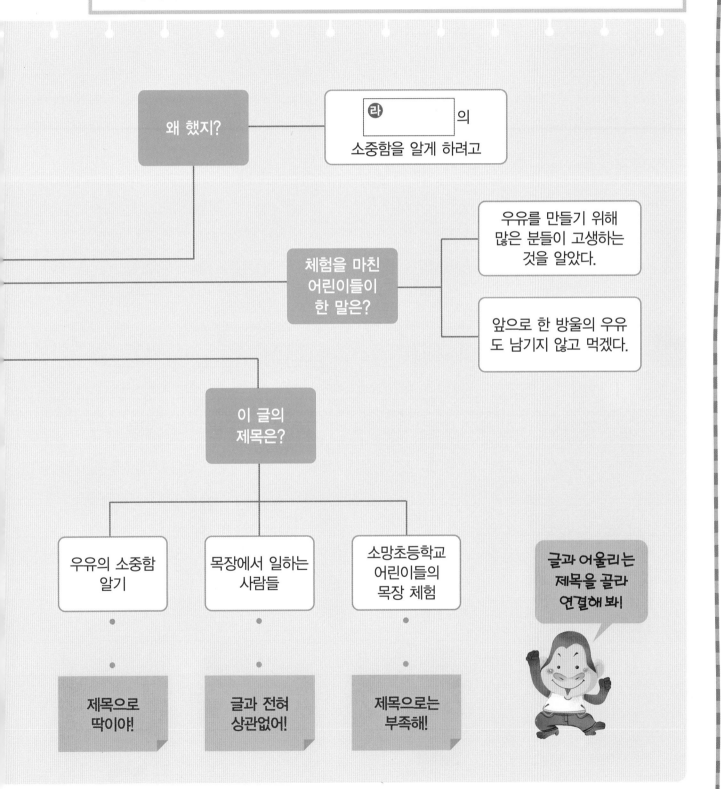

왜 했지?

라 의
소중함을 알게 하려고

체험을 마친
어린이들이
한 말은?

우유를 만들기 위해
많은 분들이 고생하는
것을 알았다.

앞으로 한 방울의 우유
도 남기지 않고 먹겠다.

이 글의
제목은?

우유의 소중함
알기

목장에서 일하는
사람들

소망초등학교
어린이들의
목장 체험

제목으로
딱이야!

글과 전혀
상관없어!

제목으로는
부족해!

글과 어울리는
제목을 골라
연결해 봐!

1 소망초등학교 어린이들은 목장 체험을 하면서 무엇을 느꼈을까요? 친구들이 기자가 되어 소망초등학교 어린이들을 인터뷰하고, **보기** 에서 알맞은 말을 골라 기사를 완성 보세요.

기자 : 오늘은 목장 체험을 온 소망초등학교 어린이들과 이야기를 나누어 보겠습니다. 소의 젖을 짜 본 소감이 어떤가요?

성규 : 태어나서 처음 짜 보는 거라서 무척 ① [　　　　　]

기자 : 마른 풀을 나를 때 힘들지는 않았나요?

소희 : 힘들었지만 소들이 맛있게 먹는 모습을 보니 ② [　　　　　]

기자 : 목장 체험을 통해 소망초등학교 어린이들이 한층 더 성장한 것 같습니다. 지금까지 씽씽목장에서 ○○○ 기자였습니다.

 보기

신기했어요. 　　　 뿌듯했어요. 　　　 부끄러웠어요. 　　　 싫었어요.

2 다음은 앞의 글을 읽은 친구들의 대화입니다. 가장 바르지 <u>못한</u> 의견을 내고 있는 친구는 누구인가요?

① 이 글은 기자가 목장에서 일어날 수 있는 일을 상상하여 쓴 글이야.

② 송아지가 우유를 먹는 모습이 무척 귀여울 것 같아. 나도 한번 우유를 먹여 보고 싶어.

③ 처음에는 옷에 묻은 소똥을 보고 울던 아이들이 마지막 날에는 멋진 일꾼이 되었네.

④ 어린이들에게 우유의 소중함을 알리려고 이런 행사를 마련했구나.

오늘 읽어 볼 글입니다. 차근차근 잘 읽고, 문제를 풀어 보세요.

　오늘은 우리 반 아이들이 화재 예방과 안전 의식을 배우기 위해 소방서를 견학하는 날이다.

　소방서에 도착한 우리는 먼저 119 신고 전화를 받는 종합 상황실을 구경했다. 끊임없이 걸려오는 전화를 받느라 몹시 바쁜 모습이었다. 소방관 아저씨는 불이 났다고 거짓말을 하는 전화는 매우 위험한 것이라고 했다. 출동을 하느라 많은 돈이 낭비되고, 빨리 구해야 할 사람을 구하지 못해 죽을 수도 있기 때문이라고 한다. 우리는 종합 상황실을 나와 체험 교실에 참여했다. 소방관 아저씨의 도움을 받아 소방 호스로 물을 뿌려 보았다. 물이 나가는 힘이 얼마나 센지 뒤로 넘어질 뻔했다. 그 다음에는 소화기 사용법을 배우고 직접 불을 꺼 보았다. 이렇게 작은 불도 가까이 가기가 무서운데 직접 불 속에 뛰어들어야 하는 소방관 아저씨는 얼마나 무섭고 힘드실까?

　자신의 목숨을 걸고 다른 사람의 생명을 구하는 소방관 아저씨께 고마운 마음이 들었다. 그리고 불이 나지 않도록 항상 조심해야겠다고 다짐했다.

글밥지도
그리기

다음은 앞에서 읽은 글의 내용을 한눈에 볼 수 있도록 정리한 글밥지도입니다. 보기
에서 알맞은 말을 골라 빈칸을 채워 보세요. 그리고 글에 알맞은 제목을 찾아 선으
로 이어 보세요.

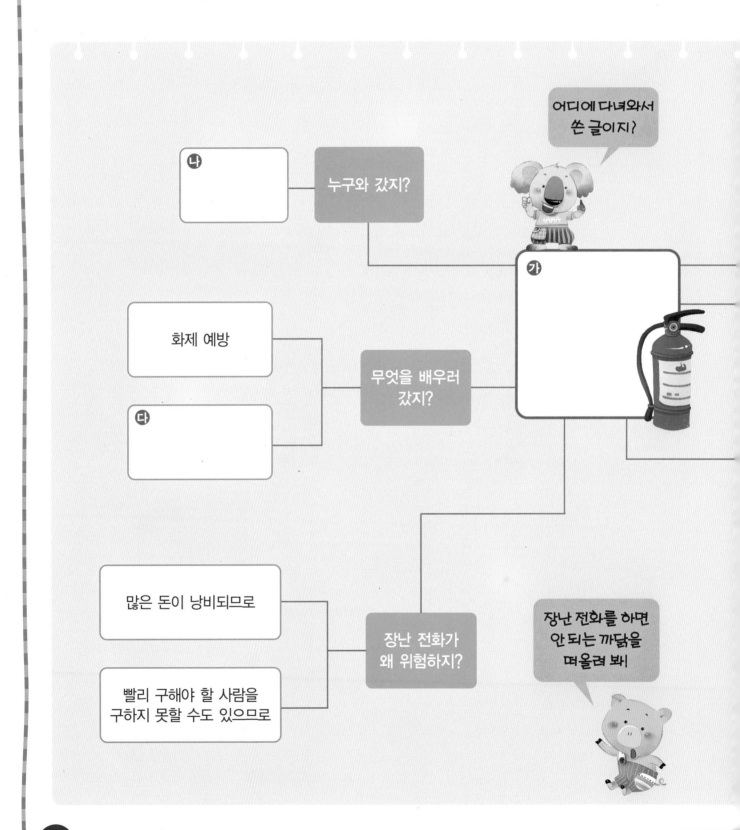

보기

① 학교　　②소방서　　③ 반 아이들

④ 부모님　　⑤ 안전 의식　　⑥ 종합 상황실

⑦ 소방차 타 보기　　⑧ 소화기로 불 끄기

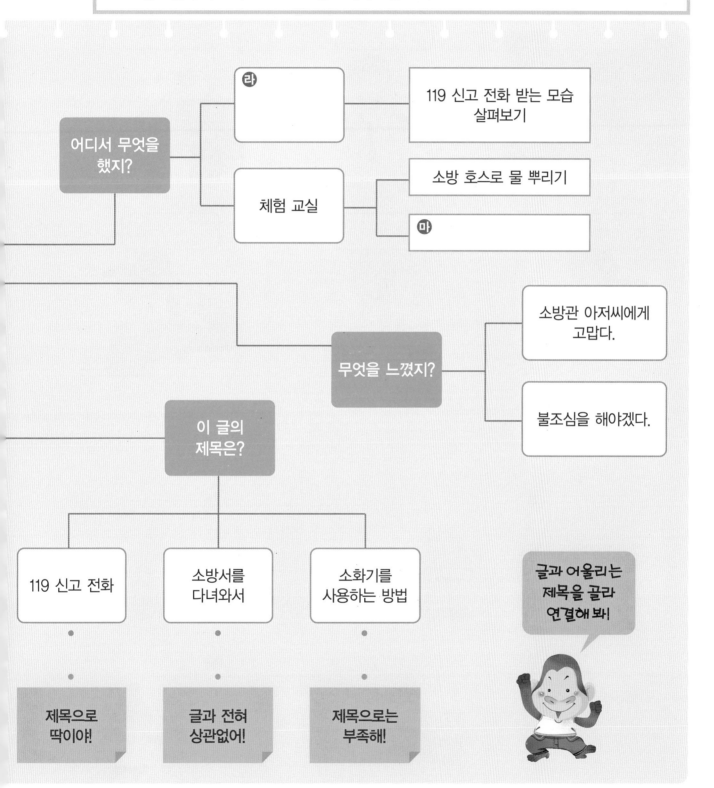

1 소방관 아저씨는 다른 사람의 생명을 구하는 고마운 분입니다. 소방관 아저씨처럼 자신의 목숨을 걸고 다른 사람의 생명을 구하는 사람에게 ○표 해 보세요.

| 선생님 | 경찰 | 환경 미화원 |

| 동화 작가 | 집배원 | 군인 |

2 다음은 앞의 글을 읽은 친구들의 대화입니다. 가장 바르지 <u>못한</u> 의견을 내고 있는 친구는 누구인가요?

① 나도 유치원 때 소방서를 견학한 적이 있어. 그때 친절하게 설명해 주시던 소방관 아저씨가 떠올라.

② 우리가 소방관 아저씨를 도울 수 있는 방법은 장난 전화를 하지 않고, 불조심을 하는 거야.

③ 평소에 소화기 사용법을 잘 알아두어야 불이 났을 때 당황하지 않고 불을 끌 수 있어.

④ 소방서에 장난 전화를 하면 정말 재미있어. 누가 장난 전화를 했는지 모를 거야.

 오늘 읽어 볼 글입니다. 차근차근 잘 읽고, 문제를 풀어 보세요.

우리 몸을 보호하고, 예의를 지키는 데 중요한 역할을 하는 옷은 기후에 많은 영향을 받습니다.

아프리카처럼 더운 지방에서는 간편하고 짧은 옷을 입습니다. 뜨거운 햇빛을 막기 위해 흰색 옷을 많이 입습니다. 주로 바람이 잘 통하는 얇은 천을 사용하는데, 어떤 사람들은 옷 대신 커다란 나뭇잎이나 풀로 몸을 가리기도 합니다.

북극처럼 추운 지방에서는 목까지 감쌀 수 있는 두터운 옷을 입습니다. 사냥해 온 짐승의 털이나 가죽으로 만든 겉옷, 털로 짠 스웨터를 입습니다. 또, 매서운 추위로부터 머리를 보호하기 위해 털이나 가죽으로 만든 모자를 씁니다.

우리나라와 같이 사계절의 변화가 뚜렷한[1] 지방에서는 계절에 따라 다른 옷을 입습니다. 옛날에는 여름에는 삼베 옷, 봄이나 가을에는 무명 옷, 겨울에는 솜을 넣은 옷 등을 입었지만 요즈음은 화학 섬유로 만든 옷을 많이 입습니다. 옷 색깔도 흰색, 빨간색, 노란색, 검정색 등 여러 가지입니다.

❶ **뚜렷한** : 엉클어지거나 흐리지 않고
아주 분명한

다음은 앞에서 읽은 글의 내용을 한눈에 볼 수 있도록 정리한 생각지도입니다. 보기
에서 알맞은 말을 골라 빈칸을 채워 보세요. 그리고 글에 알맞은 제목을 찾아 선으
로 이어 보세요.

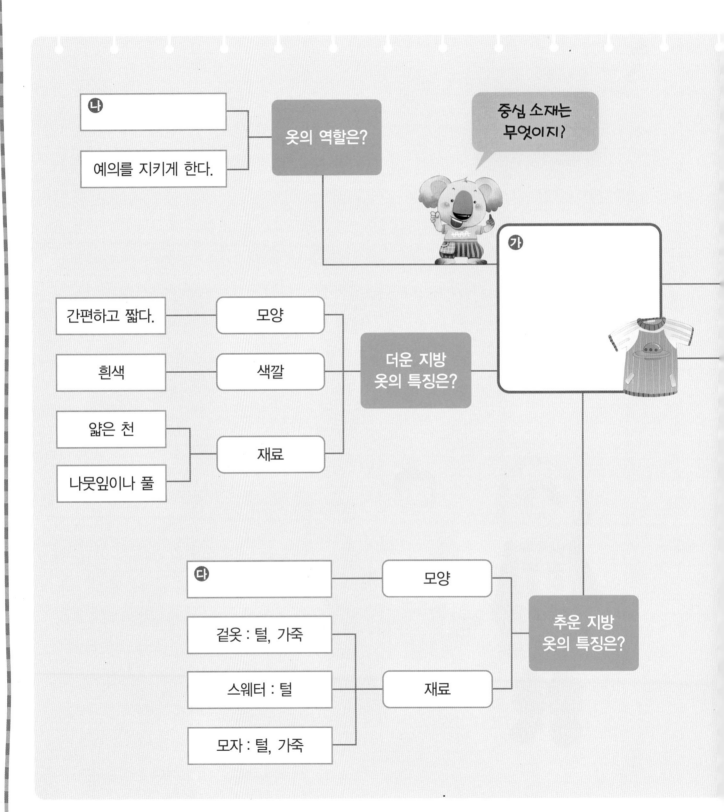

나

예의를 지키게 한다.

옷의 역할은?

중심 소재는
무엇이지?

가

간편하고 짧다. — 모양

흰색 — 색깔

더운 지방
옷의 특징은?

얇은 천

나뭇잎이나 풀
재료

다 — 모양

겉옷 : 털, 가죽

추운 지방
옷의 특징은?

스웨터 : 털
재료

모자 : 털, 가죽

❶ 옷
❷ 기후
❸ 몸을 보호한다.
❹ 검은색
❺ 삼베, 무명, 솜
❻ 목까지 감싸고 두텁다.
❼ 한 가지 색
❽ 여러 가지 색

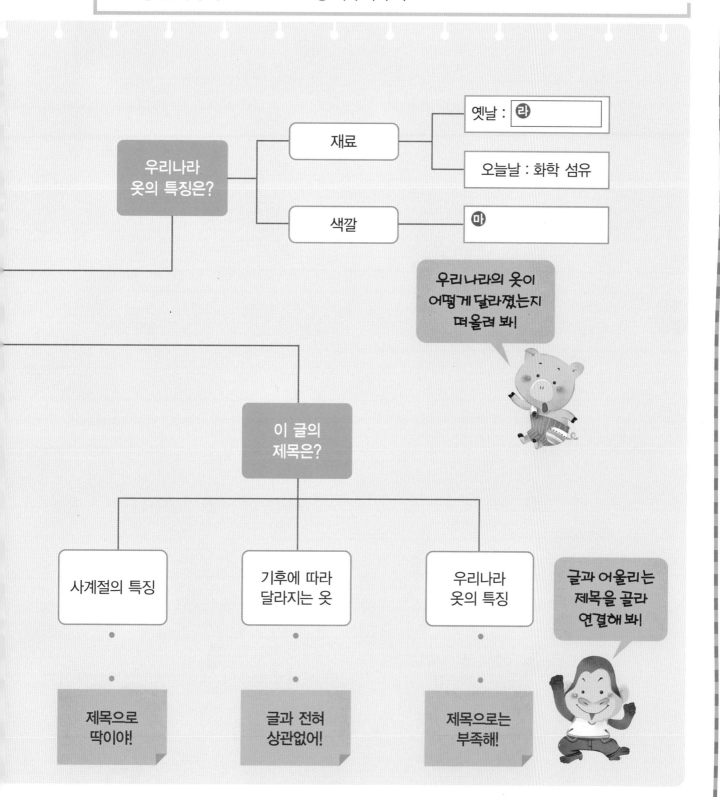

우리나라 옷의 특징은?

재료

옛날 : 라

오늘날 : 화학 섬유

색깔

마

우리나라의 옷이 어떻게 달라졌는지 떠올려 봐!

이 글의 제목은?

사계절의 특징

기후에 따라 달라지는 옷

우리나라 옷의 특징

글과 어울리는 제목을 골라 연결해 봐!

제목으로 딱이야!

글과 전혀 상관없어!

제목으로는 부족해!

1 다음은 앞의 글을 읽고 여러 지방의 옷의 재료를 정리한 것입니다. 빈칸에 들어갈 알맞은 재료를 보기에서 찾아 답해 보세요.

지방	아프리카	북극	우리나라

옷의 재료	• 얇은 천
	• ①
	• 풀
		• 가죽
		• ②
			• 옛날 :
			  삼베, 무명, 솜
			• 오늘날 :
			  ③

보기 털   화학 섬유   비닐   나뭇잎

2 다음은 앞의 글을 읽은 친구들의 대화입니다. 가장 바르지 <u>못한</u> 의견을 내고 있는 친구는 누구인가요?

① 더운 지방에서 흰옷을 입는 까닭은 뜨거운 햇빛을 막기 위해서야.

② 우리나라는 사계절이 뚜렷해서 옷 모양과 색깔이 여러 가지인데 계절마다 다른 옷을 입기 때문이지.

③ 이 글에서 중심 내용은 옷이 우리 몸을 보호하고 예의를 지키게 해 준다는 거야.

④ 더운 지방은 바람이 잘 통하게 얇은 옷을, 추운 지방은 추위로부터 몸을 보호하기 위해 두터운 옷을 입는구나.

꼼꼼히 집중하여 읽기

글의 갈래	**전래 동요**
걸린 시간	분 초

 오늘 읽어 볼 글입니다. 차근차근 잘 읽고, 문제를 풀어 보세요.

꼬마야, 꼬마야, 뒤로 돌아라.

꼬마야, 꼬마야, 한 발을 들어라.

꼬마야, 꼬마야, 손뼉을 쳐라.

꼬마야, 꼬마야, 땅을 짚어라.

꼬마야, 꼬마야, 만세를 불러라.

꼬마야, 꼬마야, 잘 가거라.

글밥지도 그리기

다음은 앞에서 읽은 글의 내용을 한눈에 볼 수 있도록 정리한 글밥지도입니다. 보기 에서 알맞은 말을 골라 빈칸을 채워 보세요. 그리고 글에 알맞은 제목을 찾아 선으로 이어 보세요.

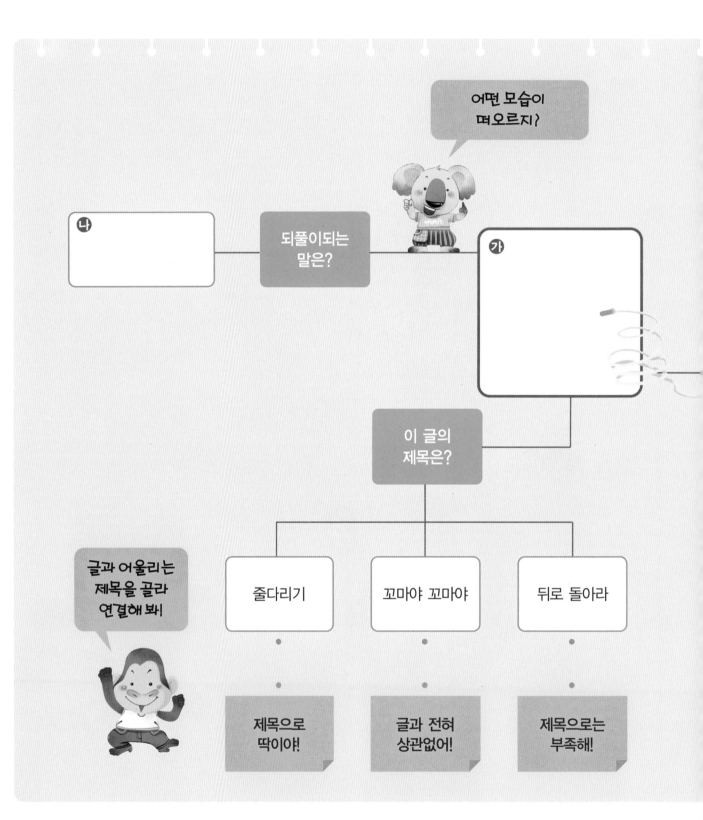

보기

① 줄넘기하는 모습　　② 춤을 추는 모습　　③ 뒤로
④ 꼬마야　　　　　　⑤ 짚어라　　　　　⑥ 한 발 들기
⑦ 만세 부르기　　　　⑧ 어깨동무하기

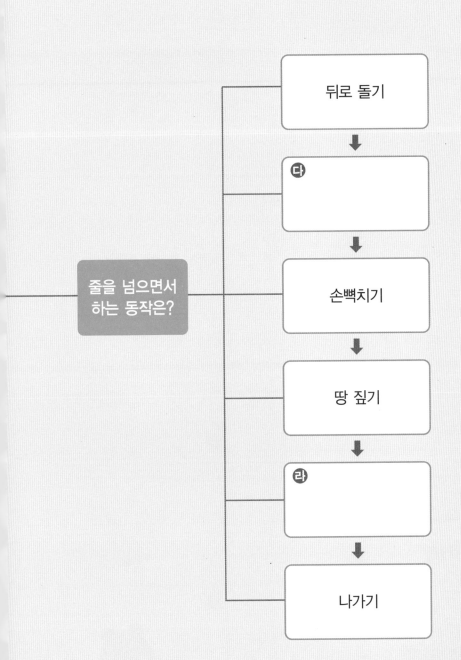

줄을 넘으면서
하는 동작은?

뒤로 돌기

⬇

다

⬇

손뼉치기

⬇

땅 짚기

⬇

라

⬇

나가기

줄넘기를 하면서
어떤 동작을
하는지 떠올려 봐.

1 앞의 글은 줄넘기하는 모습을 재미있게 표현한 전래 동요입니다. 보기 에서 알맞은 말을 골라 새로운 노랫말을 지어 보세요.

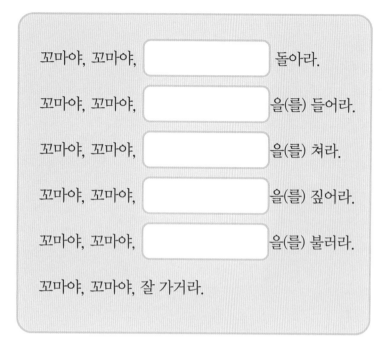

꼬마야, 꼬마야, [   ] 돌아라.

꼬마야, 꼬마야, [   ] 을(를) 들어라.

꼬마야, 꼬마야, [   ] 을(를) 쳐라.

꼬마야, 꼬마야, [   ] 을(를) 짚어라.

꼬마야, 꼬마야, [   ] 을(를) 불러라.

꼬마야, 꼬마야, 잘 가거라.

보기

옆으로	거꾸로
두 팔	한 손
무릎	배
어깨	발
노래	콧바람

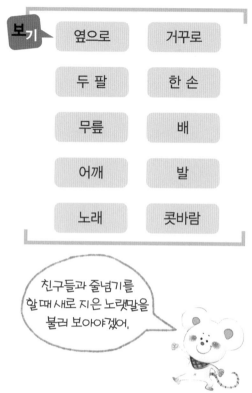

친구들과 줄넘기를 할 때 새로 지은 노랫말을 불러 보아야겠어.

2 다음은 앞의 글을 읽은 친구들의 대화입니다. 가장 바르지 <u>못한</u> 의견을 내고 있는 친구는 누구인가요?

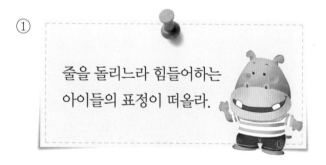

① 줄을 돌리느라 힘들어하는 아이들의 표정이 떠올라.

② 여러 가지 동작을 따라 하다 보면 줄에 걸릴까 봐 마음이 조마조마하기도 해.

③ '꼬마야, 꼬마야' 부분을 친구 이름으로 바꾸어 불러도 재미있을 것 같아.

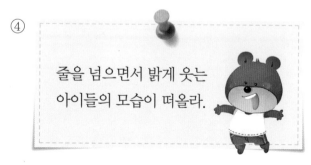

④ 줄을 넘으면서 밝게 웃는 아이들의 모습이 떠올라.

오늘 읽어 볼 글입니다. 차근차근 잘 읽고, 문제를 풀어 보세요.

옛날 옛적 깊은 산골에서 있었던 일이야. 서울 구경을 갔던 박 서방이 양초를 보고 신기하여 양초 여러 자루를 사 가지고 와서 마을 사람들에게 나누어 주었어. 양초를 처음 본 마을 사람들은 어떻게 쓰는 물건인지 몰라 갑갑해하다가 마을에서 똑똑하기로 소문난 훈장을 찾아갔지.

"이 무식한 사람들아. 이것은 서울 사람들만 먹는 귀한 생선이라네. 내가 이것으로 맛있는 국을 끓여 줄 테니 한 그릇씩 먹고 가게."

훈장은 양초로 국을 끓여 마을 사람들에게 한 그릇씩 나누어 주었어. 마을 사람들은 목구멍이 아파 죽을 지경이었지만 무식하다는 소리를 들을까 봐 꾹 참고 먹었어. 그리고 훈장도 자기가 양초를 처음 본 것을 마을 사람들에게 들킬까 봐 꾹 참고 먹었지.

그때 방으로 들어온 박 서방이 양초로 국을 끓인 것을 보고 깜짝 놀랐어.

"이것은 생선이 아니라 이렇게 불을 켜는 것이오."

박 서방이 양초에 불을 붙이는 모습을 본 마을 사람들은 혹시나 뱃속에 있는 양초에 불이 붙을까 봐 얼른 냇가로 달려가 물속에 뛰어들었다지 뭐야.

❶ **무식한** : 배우지 않은 데다 보고 듣지 못하여 아는 것이 없는

125

다음은 앞에서 읽은 글의 내용을 한눈에 볼 수 있도록 정리한 글밥지도입니다. 보기에서 알맞은 말을 골라 빈칸을 채워 보세요. 그리고 글에 알맞은 제목을 찾아 선으로 이어 보세요.

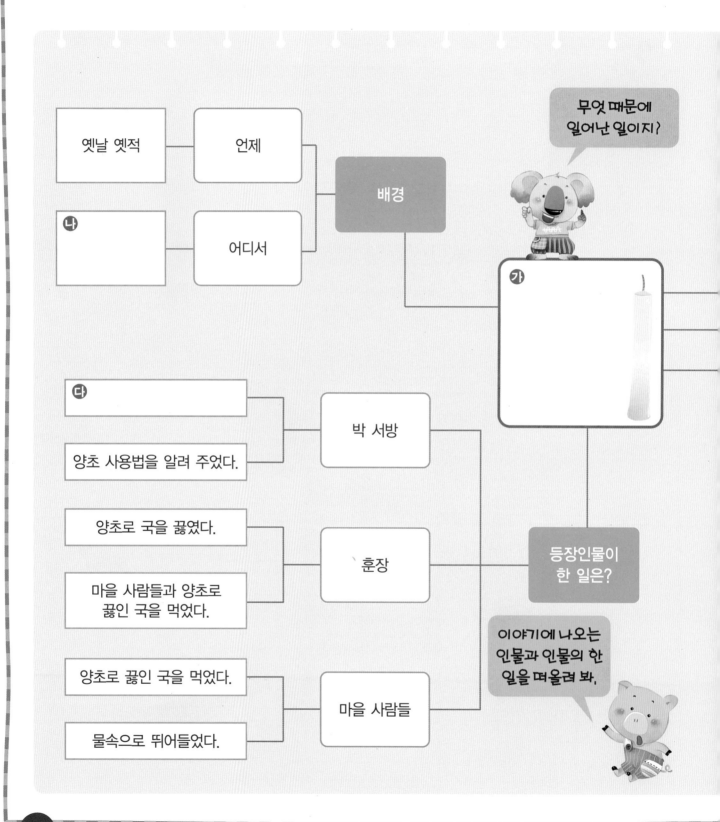

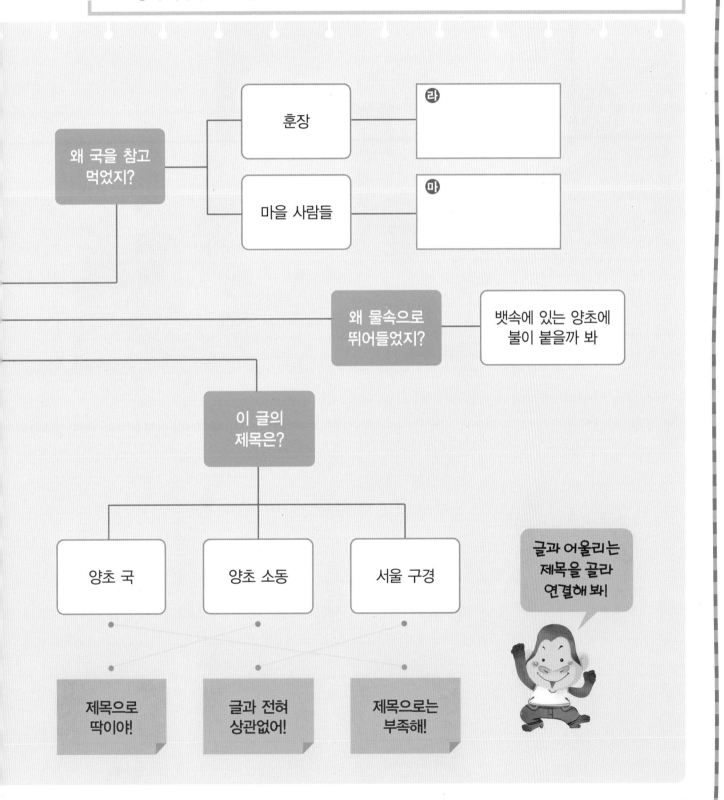

왜 국을 참고 먹었지?

훈장　　→　라

마을 사람들　　→　마

왜 물속으로 뛰어들었지?　　→　뱃속에 있는 양초에 불이 붙을까 봐

이 글의 제목은?

양초 국　　양초 소동　　서울 구경

제목으로 딱이야!　　글과 전혀 상관없어!　　제목으로는 부족해!

글과 어울리는 제목을 골라 연결해 봐!

1 다음은 앞에서 읽은 이야기의 장면들입니다. 장면을 잘 보고, 일이 일어난 순서대로 번호를 써 보세요.

2 다음은 앞의 글을 읽은 친구들의 대화입니다. 가장 바르지 <u>못한</u> 의견을 내고 있는 친구는 누구인가요?

① 양초를 처음 본 것을 들킬까 봐 거짓말을 한 것으로 보아 훈장님은 아는 척을 많이 하는 성격이야.

② 이 이야기에는 양초를 절대로 먹으면 안 된다는 교훈이 담겨 있어.

③ 뱃속에 불이 붙을까 봐 물속에서 나오지 못하는 마을 사람들의 모습이 재미있어.

④ 잘 모르면서 아는 척하는 것은 나쁜 것 같아. 훈장처럼 다른 사람들에게 피해를 주잖아.

 오늘 읽어 볼 글입니다. 차근차근 잘 읽고, 문제를 풀어 보세요.

가희야, 안녕?

방학 동안 어떻게 지내고 있니? 나는 책을 읽는 재미에 푹 빠져 있단다. 어제는 〈개구리 왕자〉라는 책을 읽었는데 너에게 들려주고 싶어. 〈개구리 왕자〉는 너도 재미있게 읽은 〈헨젤과 그레텔〉, 〈브레멘 음악대〉를 쓴 그림형제의 책이란다.

공주가 황금공을 연못에 빠뜨리고 울고 있을 때 개구리가 나타나 황금공을 찾아 주었어. 하지만 공주는 황금공을 찾아 주면 개구리와 친구가 되어 주겠다는 약속을 어기고 궁궐로 달아났지. 개구리는 계속 공주를 쫓아다니며 친구가 되어 달라고 했지. 화가 난 공주는 개구리를 벽에 던져 버렸어. 그러자 개구리가 멋진 왕자로 변했고, 공주와 왕자는 결혼을 했대.

그런데 만약 내가 왕자라면 난 공주와 결혼하지 않았을 거야. 왜냐하면, 난 공주처럼 약속을 어기는 사람은 싫기 때문이야. 그래서 난 친구와 약속을 하면 꼭 지키려고 노력한단다. 너도 이 책을 한번 읽어 봐. 정말 재미있어.

그럼 방학 동안 잘 지내고, 개학하는 날 만나자. 안녕.

○○월 ○○일

네가 보고 싶은 은지가

다음은 앞에서 읽은 글의 내용을 한눈에 볼 수 있도록 정리한 글밥지도입니다. 보기 에서 알맞은 말을 골라 빈칸을 채워 보세요. 그리고 글에 알맞은 제목을 찾아 선으로 이어 보세요.

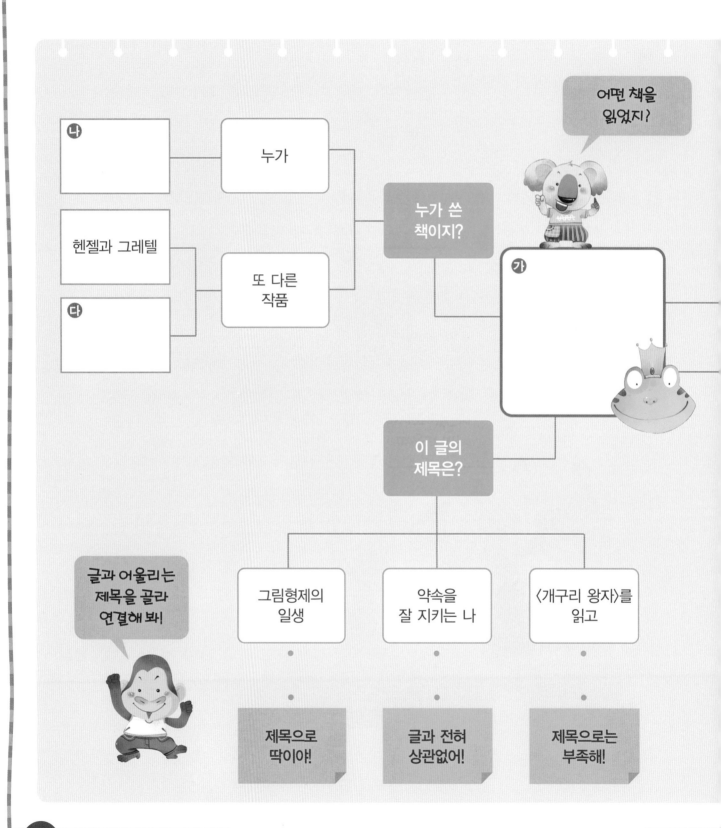

어떤 책을 읽었지?

나

누가

누가 쓴 책이지?

헨젤과 그레텔

또 다른 작품

다

가

이 글의 제목은?

글과 어울리는 제목을 골라 연결해 봐!

그림형제의 일생

약속을 잘 지키는 나

〈개구리 왕자〉를 읽고

제목으로 딱이야!

글과 전혀 상관없어!

제목으로는 부족해!

보기
① 개구리 왕자　　② 왕자와 공주　　③ 그림형제
④ 브레멘 음악대　　⑤ 친구　　⑥ 황금공
⑦ 결혼　　⑧ 약속

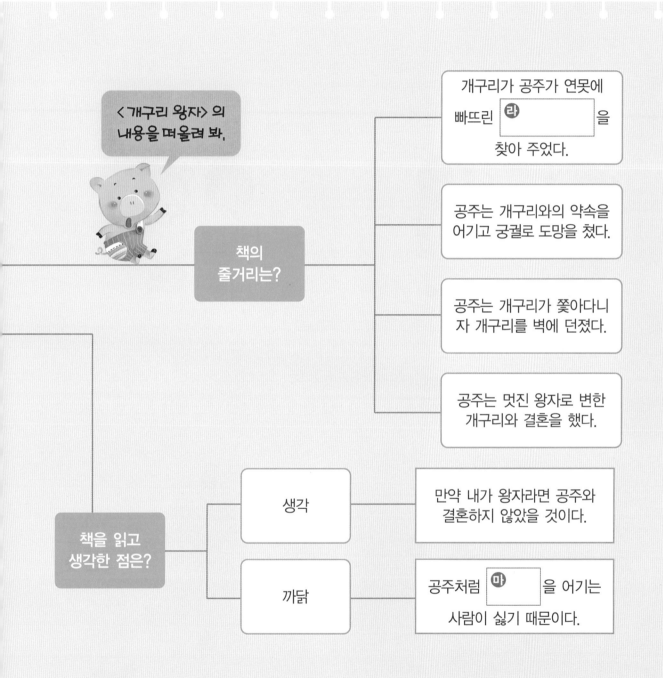

〈개구리 왕자〉의 내용을 떠올려 봐.

개구리가 공주가 연못에 빠뜨린 [라   ]을 찾아 주었다.

공주는 개구리와의 약속을 어기고 궁궐로 도망을 쳤다.

책의 줄거리는?

공주는 개구리가 쫓아다니자 개구리를 벽에 던졌다.

공주는 멋진 왕자로 변한 개구리와 결혼을 했다.

생각　　만약 내가 왕자라면 공주와 결혼하지 않았을 것이다.

책을 읽고 생각한 점은?

까닭　　공주처럼 [마   ]을 어기는 사람이 싫기 때문이다.

1 공주는 개구리와 친구가 되어 주겠다는 약속을 어기고 궁궐로 달아났습니다. 친구들도 공주처럼 약속을 어겼던 경험을 떠올려 말풍선 안에 써 보세요.

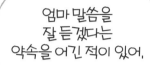

엄마 말씀을 잘 듣겠다는 약속을 어긴 적이 있어.

친구와 놀이터에서 놀기로 한 약속을 어긴 적이 있어.

2 다음은 앞의 글을 읽은 친구들의 대화입니다. 가장 바르지 <u>못한</u> 의견을 내고 있는 친구는 누구인 가요?

① 이 글은 편지 형식으로 쓴 독서 감상문이야. 독서 감상문은 여러 가지 형식으로 쓸 수 있어.

② 그림형제가 썼다는 〈헨젤과 그레텔〉, 〈브레멘 음악대〉도 읽어 보고 싶어.

③ 약속을 자꾸 어기면 사람들이 더 이상 나를 믿으려고 하지 않을 거야. 나도 약속을 잘 지켜야지.

④ 〈개구리 왕자〉의 교훈은 동물을 사랑하라는 거야. 공주처럼 개구리를 벽에 던지는 것은 나빠.

 오늘 읽어 볼 글입니다. 차근차근 잘 읽고, 문제를 풀어 보세요.

친구들, 안녕? 나는 북극곰이야.

어떤 사람들은 나를 흰곰이라고도 불러. 몸 전체가 하얀 털로 덮여 있기 때문이지. 하지만 털 속의 피부는 까맣단다. 너희들은 내가 육지에 사는 육식 동물 중에서 가장 크다는 것을 알고 있니? 어른 북극곰 수컷은 400~600킬로그램이나 나가지. 너희들 13~20명을 합한 무게와 같아.

내가 어떻게 눈과 얼음으로 뒤덮인 북극에 살 수 있는지 궁금하지? 내 몸에는 두꺼운 털과 지방이 많아서 추위를 잘 견딜 수 있어. 또, 발바닥에 털이 나 있어서 얼음 위에서도 미끄러지지 않는단다.

나는 주로 바다표범을 먹고 살아. 내가 얼음에 난 구멍 가운데 하나만 남기고 모두 막아 버리면 물속에 있던 바다표범은 숨을 쉬기 위해 하나 남은 구멍으로 올라올 수밖에 없어. 바다표범이 올라오면 그때 잡아먹는단다. 정말 똑똑한 사냥꾼이라고 불릴만하지?

하지만 곧 나를 볼 수 없을지도 몰라. 지구 온난화[1] 때문에 내가 살고 있는 북극의 얼음이 녹고 있기 때문이야. 친구들, 나를 꼭 기억해 줘.

[1] **지구 온난화** : 지구의 기온이 높아지는 현상

글밥지도 그리기

다음은 앞에서 읽은 글의 내용을 한눈에 볼 수 있도록 정리한 글밥지도입니다. 보기에서 알맞은 말을 골라 빈칸을 채워 보세요. 그리고 글에 알맞은 제목을 찾아 선으로 이어 보세요.

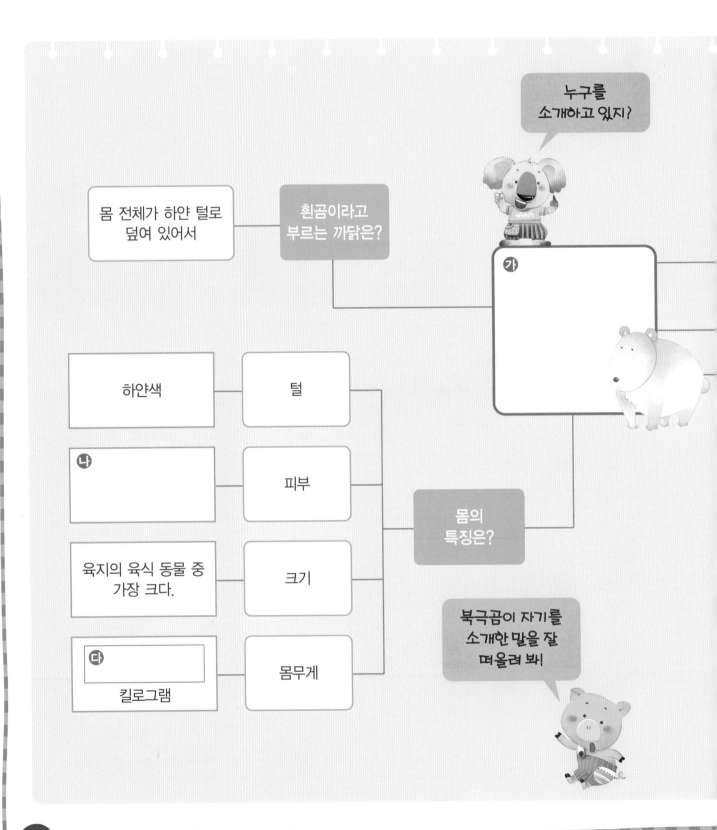

누구를 소개하고 있지?

몸 전체가 하얀 털로 덮여 있어서 —— 흰곰이라고 부르는 까닭은?

가

하얀색 —— 털

나 —— 피부

육지의 육식 동물 중 가장 크다. —— 크기

다 [   ] 킬로그램 —— 몸무게

몸의 특징은?

북극곰이 자기를 소개한 말을 잘 떠올려 봐!

보기

① 북극곰
② 친구
③ 까만색
④ 하얀색
⑤ 400~600
⑥ 얼음 구멍
⑦ 발바닥의 털
⑧ 바다표범

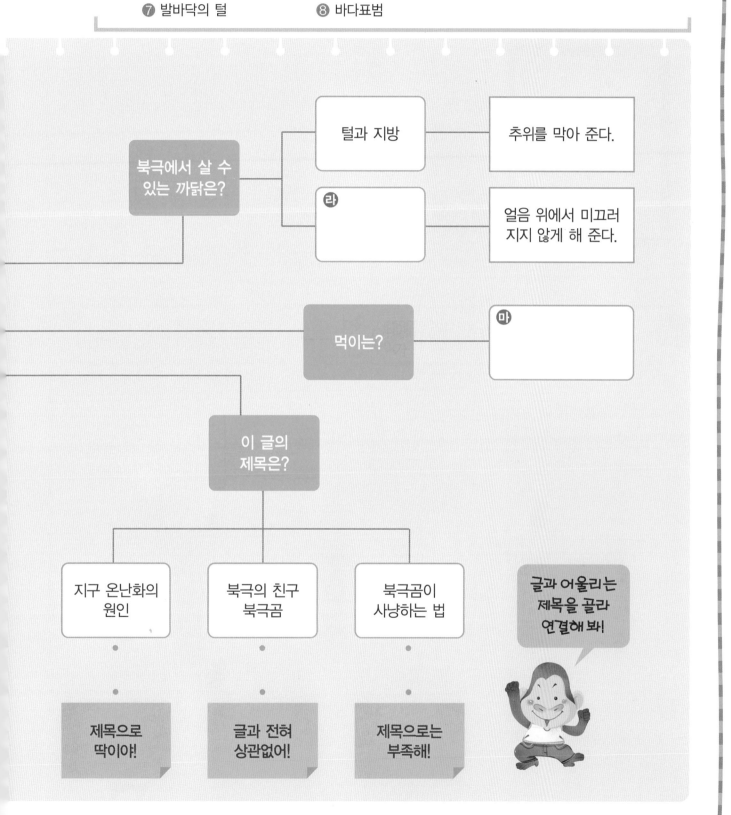

북극에서 살 수 있는 까닭은?

털과 지방 — 추위를 막아 준다.

라 ☐ — 얼음 위에서 미끄러지지 않게 해 준다.

먹이는? — 마 ☐

이 글의 제목은?

지구 온난화의 원인 — 제목으로 딱이야!

북극의 친구 북극곰 — 글과 전혀 상관없어!

북극곰이 사냥하는 법 — 제목으로는 부족해!

글과 어울리는 제목을 골라 연결해 봐!

135

1 친구들이 북극곰에 대하여 더 잘 알 수 있도록 명함을 만들어 주려고 합니다. 빈칸에 알맞은 말을 **보기**에서 골라 북극곰의 명함을 만들어 보세요.

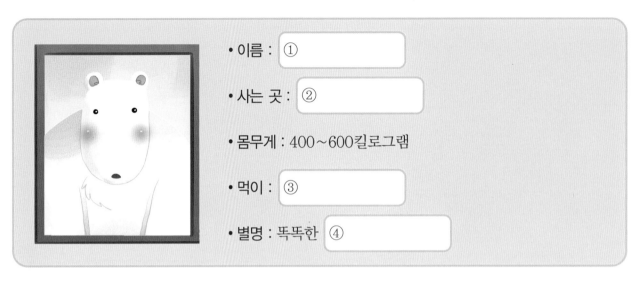

- 이름 : ①
- 사는 곳 : ②
- 몸무게 : 400~600킬로그램
- 먹이 : ③
- 별명 : 똑똑한 ④

보기

| 바다표범 | 북극곰 | 사냥꾼 | 북극 |

2 다음은 앞의 글을 읽은 친구들의 대화입니다. 가장 바르지 <u>못한</u> 의견을 내고 있는 친구는 누구인 가요?

① 북극곰의 피부가 까맣다는 것을 처음 알았어. 온몸이 하얀 털로 덮여 있어서 피부도 하얀 줄 알았어.

② 앞으로 지구 온난화 때문에 북극곰의 모습을 볼 수 없게 될지도 몰라.

③ 북극곰의 털은 눈 색깔과 같은 하얀색이라 살아가는 데 불편할 것 같아.

④ 북극곰은 정말 똑똑한 것 같아. 바다표범이 숨쉬는 구멍을 하나만 남기고 모두 막아서 사냥하니까.

공습국어 초등독해

정답과 해설

1·2학년   심화 II

주니어김영사

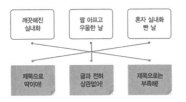

가 ② 실내화 빨기
나 ③ 나
다 ⑥ 실내화의 깔창 닦기
라 ⑦ 물로 헹구기
마 ⑧ 하얀색

● **이 글의 제목은?**

깨끗해진 실내화	팔 아프고 우울한 날	혼자 실내화 빤 날

제목으로 딱이야!	글과 전혀 상관없어!	제목으로는 부족해!

> **해설**
> • **깨끗해진 실내화** : 제시문에는 글쓴이가 더러운 실내화를 빨자 깨끗해졌다고 나와 있습니다. 제시문에 알맞은 제목은 글쓴이가 혼자 실내화를 빨면서 있었던 일과 실내화를 빨면서 글쓴이가 느낀 점이 중심이 되어야 합니다. 그러므로 부족한 제목입니다.
> • **팔 아프고 우울한 날** : 글쓴이는 실내화를 빨고 나서 팔도 아프고 옷도 다 젖었지만 마음은 뿌듯하다고 하였습니다. 그러므로 글의 내용과 상관없는 제목입니다.
> • **혼자 실내화 빤 날** : 제시문은 글쓴이가 처음으로 혼자 실내화를 빨았던 일을 쓴 것입니다. 이것은 실내화를 어떻게 빨았는지, 실내화를 빨면서 느낀 점은 무엇인지를 모두 포함할 수 있으므로 알맞은 제목입니다.

꼬옥꼬옥 공감하기

1. [예시]
　나 혼자 준비물을 다 챙겼을 때 정말 뿌듯했어.
2. ②

> **해설**
> 비록 글쓴이의 옷이 다 젖었지만, 엄마는 스스로 실내화를 빤 글쓴이를 대견하게 생각하고 칭찬해 주셨을 것입니다.

가 ① 수의사
나 ③ 동물들에게 예방 접종하기
다 ④ 동물을 좋아해서
라 ⑦ 동물을 사랑하는 마음 갖기

● **이 글의 제목은?**

의사의 하루	나의 직업 '수의사'	수의사가 하는 일

제목으로 딱이야!	글과 전혀 상관없어!	제목으로는 부족해!

> **해설**
> • **의사의 하루** : 제시문은 의사가 아니라 수의사에 대하여 소개하고 있습니다. 그러므로 이것은 글의 내용과 상관없는 제목입니다.
> • **나의 직업 '수의사'** : 제시문은 수의사가 자신의 직업에 대하여 소개하는 글입니다. 수의사가 하는 일, 수의사가 된 까닭, 수의사가 되는 방법 등 수의사라는 직업에 대하여 소개하고 있으므로 이것이 알맞은 제목입니다.
> • **수의사가 하는 일** : 제시문에는 아픈 동물을 치료하고, 예방 접종을 하고, 동물들을 수술하는 등 수의사가 하는 일이 나타나 있습니다. 그러나 이것은 수의사가 된 까닭, 수의사가 되는 방법 등을 담지 못하므로 부족한 제목입니다.

요목조목 따져보기

1. [예시]
　선생님, 아이들에게 공부를 재미있게 잘 가르쳐 주고 싶어서
2. ①

> **해설**
> 글쓴이는 강아지나 고양이 같은 작은 애완동물부터 호랑이, 사자, 악어 같은 큰 동물들도 수의사의 손길이 필요하다고 하였습니다. 수의사는 몸집이 작은 동물만 치료하는 것이 아니라 몸집이 큰 동물도 치료합니다.

글밥지도 그리기

㉮ ① 세종 대왕
㉯ ③ 한글을 만들었다.
㉰ ④ 몇 번씩 반복해서 읽기
㉱ ⑦ 새롭게 생각할 수 있어서
㉲ ⑧ 독서 습관

● 이 글의 제목은?

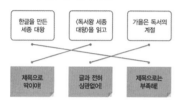

해설

• **한글을 만든 세종 대왕** : 제시문에는 세종 대왕의 업적 중 하나인 한글 창제가 나타나 있습니다. 그러나 제시문은 세종 대왕의 업적보다 세종 대왕의 독서 습관을 중요하게 다루고 있습니다. 그러므로 이것은 부족한 제목입니다.

• **〈독서왕 세종 대왕〉을 읽고** : 제시문은 〈독서왕 세종 대왕〉이라는 책을 읽고 난 후, 세종 대왕에게 본받을 점과 느낀 점을 쓴 독서 감상문입니다. 그러므로 이것이 알맞은 제목입니다.

• **가을은 독서의 계절** : 글쓴이는 독서의 계절인 가을을 맞아 〈독서왕 세종 대왕〉을 읽었다고 하였습니다. 그러나 이것은 세종 대왕의 업적이나 책을 읽고 느낀 점 등과는 거리가 멉니다. 그러므로 이것은 글의 내용과 상관없는 제목입니다.

꼬덕꼬덕 공감하기

1. [예시]
① 책벌레 ② 발명왕

2. ④

해설

세종 대왕은 책을 반복해서 읽으면 처음에 지나쳤던 것을 발견하고 새롭게 생각할 수 있다고 했습니다. 그러므로 책을 한 번만 읽는 게 좋다는 의견은 알맞지 않습니다.

글밥지도 그리기

㉮ ① 인기
㉯ ③ 척척 선생님
㉰ ④ 예린이
㉱ ⑤ 친구들에게 인기가 없는 것
㉲ ⑧ 잘난 척하지 않기

꼬덕꼬덕 공감하기

1. [예시]
잘 웃는 친구, 운동을 잘하는 친구, 잘생긴 친구, 공부를 잘하는 친구

2. ③

해설

제시문에는 예쁜 척, 부자인 척, 똑똑한 척하면 친구들이 싫어한다고 하였습니다. 그러므로 부자인 척하면 인기 많은 친구가 될 수 없습니다.

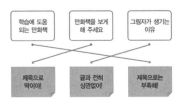 글밥지도 그리기

가 ① 만화책
나 ④ 나쁘다.
다 ③ 좋다.
라 ⑤ 폭력적인 내용이 많다.
마 ⑧ 그림을 잘 그리게 된다.

● 이 글의 제목은?

학습에 도움 되는 만화책	만화책을 보게 해 주세요	그림자가 생기는 이유
제목으로 딱이야!	글과 전혀 상관없어!	제목으로는 부족해!

해설

• 학습에 도움 되는 만화책 : 글쓴이는 학습에 도움이 되는 만화책도 많다고 하였습니다. 그러나 이것은 만화책의 좋은 점 중 하나이며, 만화책이 스트레스를 풀어 주고 그림을 잘 그리게 해 준다는 것은 담지 못하고 있습니다. 그러므로 이것은 부족한 제목입니다.

• 만화책을 보게 해 주세요 : 제시문은 엄마에게 만화책을 보게 해 달라고 부탁하는 글입니다. 부탁하는 글은 대부분 부탁하는 내용을 제목으로 쓰므로 이것이 알맞은 제목입니다.

• 그림자가 생기는 이유 : 제시문에는 만화책으로 그림자가 생기는 이유를 쉽게 이해할 수 있었다고 나와 있습니다. 그러나 그림자가 생기는 이유는 자세하게 나타나 있지 않으므로 이것은 글의 내용과 상관없는 제목입니다.

 요목조목 따져보기

1. ④
2. ①

해설

부탁하는 글을 쓸 때에는 상대방이 내 부탁을 들어줄 수 있는지 살피고, 공손하고 예의 바른 말투로 부탁해야 합니다. 무조건 떼를 쓰는 것은 바르지 않은 태도입니다.

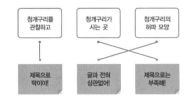 글밥지도 그리기

가 ① 청개구리
나 ③ 논두렁
다 ⑤ 미끄럽다.
라 ⑥ 투명하다.
마 ⑧ 물갈퀴가 있다.

● 이 글의 제목은?

청개구리를 관찰하고	청개구리가 사는 곳	청개구리의 허파 모양
제목으로 딱이야!	글과 전혀 상관없어!	제목으로는 부족해!

해설

• 청개구리를 관찰하고 : 제시문은 청개구리의 피부, 눈, 다리 등을 관찰하고 쓴 글입니다. 그러므로 이것이 알맞은 제목입니다.

• 청개구리가 사는 곳 : 청개구리는 피부와 허파로 숨을 쉬기 때문에 물과 땅을 오가며 산다고 하였습니다. 그러나 이것은 청개구리의 피부, 눈, 다리 등을 관찰한 내용을 담지 못하므로 부족한 제목입니다.

• 청개구리의 허파 모양 : 제시문에는 청개구리가 피부와 허파로 숨을 쉰다고 하였습니다. 그러나 허파의 모양은 나와 있지 않으므로 이것은 글의 내용과 상관없는 제목입니다.

 요목조목 따져보기

1. ① 허파와 피부 ② 흡반 ③ 뒷다리
2. ③

해설

제시문은 청개구리의 모습을 상상하여 쓴 것이 아니라, 청개구리를 직접 보고 만져 보면서 관찰한 글입니다.

글밥지도 그리기

㉮ ① 늑대, 당나귀
㉯ ④ 넓은 초원
㉰ ⑤ 꾀가 많다.
㉱ ⑧ 늑대

● 이 글의 제목은?

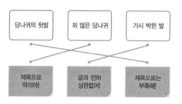

| 당나귀의 뒷발 | 꾀 많은 당나귀 | 가시 박힌 발 |

| 제목으로 딱이야! | 글과 전혀 상관없어! | 제목으로는 부족해! |

해설

• **당나귀의 뒷발** : 당나귀는 늑대를 뒷발로 차서 무사히 달아날 수 있었습니다. 그러나 이 제목으로는 이야기의 내용을 담을 수 없으므로 부족한 제목입니다.

• **꾀 많은 당나귀** : 제시문은 늑대에게 잡아먹힐 뻔한 당나귀가 꾀를 부려 무사히 달아날 수 있었다는 이야기입니다. 그러므로 이것이 알맞은 제목입니다.

• **가시 박힌 발** : 늑대는 당나귀의 발에 박힌 가시를 뽑으려고 하였지만 가시는 처음부터 없었습니다. 그러므로 이것은 글의 내용과 상관없는 제목입니다.

● 이야기의 순서는?

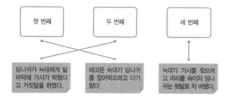

| 첫 번째 | 두 번째 | 세 번째 |

| 당나귀가 늑대에게 발 바닥에 가시가 박혔다고 거짓말을 하였다. | 배고픈 늑대가 당나귀를 잡아먹으려고 다가왔다. | 늑대가 가시를 찾으려고 머리를 숙이자 당나귀는 뒷발로 차 버렸다. |

 ### 끄덕끄덕 공감하기

1. ① 무섭다. ② 통쾌하다.
2. ③

해설

제시문은 약한 동물이 꾀를 부려 자신을 잡아먹으려는 힘센 동물을 혼내 주는 내용을 담고 있습니다. 그러므로 당나귀가 가시가 박혔다고 거짓말을 한 것이 나쁘다고 할 수는 없습니다.

글밥지도 그리기

㉮ ① 꿀벌 사회
㉯ ③ 한 마리
㉰ ⑤ 로열젤리
㉱ ⑥ 알을 낳는다.
㉲ ⑧ 일벌

● 이 글의 제목은?

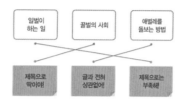

| 일벌이 하는 일 | 꿀벌의 사회 | 애벌레를 돌보는 방법 |

| 제목으로 딱이야! | 글과 전혀 상관없어! | 제목으로는 부족해! |

해설

• **일벌이 하는 일** : 제시문에는 여왕벌, 수벌, 일벌이 하는 일이 나타나 있습니다. 그러나 이것은 꿀벌의 먹이나 수, 하는 일 등은 담을 수 없으므로 부족한 제목입니다.

• **꿀벌의 사회** : 제시문은 여왕벌, 수벌, 일벌이 각자 맡은 일을 하며 살아가는 꿀벌 사회에 대하여 설명하는 글입니다. 그러므로 이것이 알맞은 제목입니다.

• **애벌레를 돌보는 방법** : 애벌레를 돌보는 것은 일벌이 하는 일 중 하나입니다. 그러나 애벌레를 어떻게 돌보는지 자세한 방법은 나타나 있지 않으므로 이것은 글의 내용과 상관없는 제목입니다.

 ### 요목조목 따져보기

1. ① 여왕벌 ② 수벌 ③ 일벌
2. ①

해설

꿀벌은 한 장소에 여럿이 무리를 지어 살아가는 곤충입니다. 그러므로 꿀벌이 따로따로 살아간다는 것은 잘못된 설명입니다.

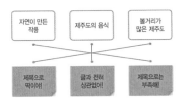 **글밥지도 그리기**

가 ① 제주도 여행
나 ② 여름 방학
다 ⑤ 돌하르방
라 ⑦ 주상 절리대
마 ⑧ 산방산

● **이 글의 제목은?**

| 자연이 만든 작품 | 제주도의 음식 | 볼거리가 많은 제주도 |

| 제목으로 딱이야! | 글과 전혀 상관없어! | 제목으로는 부족해! |

해설

• **자연이 만든 작품** : 글쓴이는 용암이 식으면서 만들어진 주상 절리대는 자연이 만든 최고의 작품 같다고 하였습니다. 그러나 이것은 천제연 폭포, 산방산 등에서 본 것들을 담지 못하므로 부족한 제목입니다.

• **제주도의 음식** : 글쓴이는 점심을 간단하게 먹고 산방산으로 갔다고 하였습니다. 그러나 제주도 음식에 대한 내용은 나타나 있지 않으므로 이것은 글의 내용과 상관없는 제목입니다.

• **볼거리가 많은 제주도** : 글쓴이는 제주도의 여러 곳을 돌아다니며 많은 것들을 구경하였습니다. 그러므로 이것이 알맞은 제목입니다.

● **여행한 순서는?**

| 첫 번째 | 두 번째 | 세 번째 | 네 번째 |

| 천제연 폭포 | 제주도 공항 | 산방산 | 주상 절리대 |

 끄덕끄덕 공감하기

1. ① ㉢ ② ㉠ ③ ㉣ ④ ㉡
2. ①

해설

여행을 하고 난 뒤 쓰는 기행문에는 간 곳, 보거나 들은 것, 생각하거나 느낀 점이 꼭 들어가야 합니다.

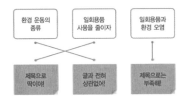 **글밥지도 그리기**

가 ② 일회용품의 사용
나 ③ 일회용품 사용을 줄이자.
다 ⑤ 환경을 오염시킨다.
라 ⑥ 세면도구 챙겨 가기
마 ⑧ 장바구니 사용하기

● **이 글의 제목은?**

| 환경 운동의 종류 | 일회용품 사용을 줄이자 | 일회용품과 환경 오염 |

| 제목으로 딱이야! | 글과 전혀 상관없어! | 제목으로는 부족해! |

해설

• **환경 운동의 종류** : 제시문에는 일회용품은 오랫동안 썩지 않기 때문에 환경을 오염시킨다고 나타나 있습니다. 그러나 환경 운동의 종류는 나타나 있지 않으므로 이것은 글의 내용과 상관없는 제목입니다.

• **일회용품 사용을 줄이자** : 제시문은 '일회용품 사용을 줄이자.' 라는 주장과 주장을 뒷받침하기 위한 까닭, 일회용품 사용을 줄이기 위한 방법 등을 제시하고 있습니다. 일회용품 사용을 줄이자는 주장이 이 글의 중심 내용이므로 이것이 알맞은 제목입니다.

• **일회용품과 환경 오염** : 제시문에는 일회용품이 환경을 오염시킨다고 나타나 있습니다. 그러나 이것은 글쓴이의 주장과 일회용품을 줄이기 위한 방법은 담지 못하므로 부족한 제목입니다.

 요목조목 따져보기

1. ②, ③
2. ④

해설

환경 운동은 거창한 것이 아니라 '일회용품 사용 줄이기'처럼 생활 속에서 실천할 수 있는 작은 것부터 실천할 수 있다고 하였습니다. 그러므로 환경 운동은 어린이들도 참여할 수 있습니다.

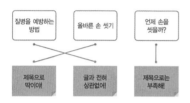 글밥지도 그리기

⑦ ② '올바른 손 씻기' 운동
⑨ ④ 식중독, 눈병, 감기
⑩ ⑥ 기침하거나 콧물을 닦은 후
⑪ ⑦ 손바닥과 손바닥
⑫ ⑧ 손바닥으로 손등

● 이 글의 제목은?

질병을 예방하는 방법	올바른 손 씻기	언제 손을 씻을까?
제목으로 딱이야!	글과 전혀 상관없어!	제목으로는 부족해!

> 해설
> • **질병을 예방하는 방법** : 제시문에서는 손을 잘 씻는 것만으로도 식중독, 눈병, 감기 같은 병을 미리 막을 수 있다고 하였습니다. 그러나 질병을 예방하는 방법은 나타나 있지 않으므로 이것은 글의 내용과 상관없는 제목입니다.
> • **올바른 손 씻기** : 제시문은 올바른 손 씻기에 대하여 알려 주고 있습니다. 손을 씻어야 하는 까닭과 손을 씻는 때, 손을 바르게 씻는 방법 등을 알려 주고 있으므로 이것이 알맞은 제목입니다.
> • **언제 손을 씻을까?** : 제시문에는 화장실을 다녀온 후, 외출을 하고 돌아온 후, 음식을 먹기 전과 후, 돈을 만진 후 등 언제 손을 씻어야 하는지 나타나 있습니다. 그러나 이것은 손을 씻어야 하는 까닭과 손을 올바르게 씻는 방법은 담지 못하므로 부족한 제목입니다.

 요목조목 따져보기

1. ① 3 ② 1 ③ 6 ④ 4 ⑤ 2 ⑥ 5
2. ①

> 해설
> 손은 자주 씻는 것도 중요하지만 올바르게 씻는 것이 중요하다고 하였으므로, 손을 무조건 빨리 씻는 것은 올바르지 않습니다.

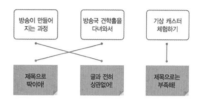 글밥지도 그리기

⑦ ① 방송국 견학홀
⑨ ③ 친구들
⑩ ④ 뉴스를 직접 진행해 보았다.
⑪ ⑦ 프로그램의 제작 모습을 보았다.
⑫ ⑧ 아나운서

● 이 글의 제목은?

방송이 만들어지는 과정	방송국 견학홀을 다녀와서	기상 캐스터 체험하기
제목으로 딱이야!	글과 전혀 상관없어!	제목으로는 부족해!

> 해설
> • **방송이 만들어지는 과정** : 글쓴이는 방송국 견학홀에서 방송이 제작되는 모습을 구경하였습니다. 그러나 방송이 만들어지는 과정에 대해서는 나타나 있지 않으므로 이것은 글의 내용과 상관없는 제목입니다.
> • **방송국 견학홀을 다녀와서** : 제시문은 글쓴이가 방송국 견학홀을 다녀온 후, 그곳에서 체험하고 보고 듣고 느낀 것을 쓴 글입니다. 그러므로 이것이 알맞은 제목입니다.
> • **기상 캐스터 체험하기** : '기상 캐스터 체험하기'는 글쓴이가 방송국 견학홀에서 체험한 것 중 하나입니다. 뉴스 아나운서 체험하기나 견학을 하며 보고 느낀 것 등은 담지 못하므로 이것은 부족한 제목입니다.

 요목조목 따져보기

1. ① 라디오 스튜디오
　② 뉴스 체험 코너
　③ 크로마키 코너
2. ③

> 해설
> 글쓴이가 방송국 견학홀을 견학한 까닭은 숙제를 하기 위해서가 아니라 방송 제작 현장을 직접 체험해 보고 싶었기 때문입니다.

글밥지도 그리기

㉮ ① 〈난타〉 공연
㉯ ④ 지난 일요일
㉰ ⑤ 놀이동산 무대
㉱ ⑦ 네 명의 요리사
㉲ ⑧ 도마

● 이 글의 제목은?

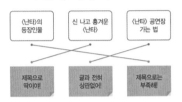

> **해설**
> • **〈난타〉의 등장인물** : 제시문에는 요리사 옷을 입은 네 명의 배우가 등장한다고 나타나 있습니다. 그러나 이것은 공연의 줄거리, 공연을 보고 느낀 점 등은 담지 못하므로 부족한 제목입니다.
> • **신 나고 흥겨운 〈난타〉** : 제시문은 〈난타〉 공연을 보고 느낀 점을 쓴 글이므로, 〈난타〉 공연을 한 마디로 표현할 수 있는 제목이 적절합니다. 그러므로 이것이 알맞은 제목입니다.
> • **〈난타〉 공연장 가는 법** : 제시문에는 〈난타〉 공연장에 가는 방법에 대하여 전혀 나타나 있지 않습니다. 그러므로 이것은 글의 내용과 상관없는 제목입니다.

● 공연의 순서는?

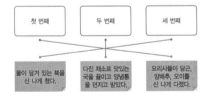

끄덕끄덕 공감하기

1. ① 심장이 터질 것 같다.
　② 표정이 재미있다.
　③ 환상적이다.

2. ④

> **해설**
> 제시문에서 배우들이 말을 주고받았다는 내용은 드러나 있지 않습니다.

글밥지도 그리기

㉮ ② 소꿉놀이하는 모습
㉯ ③ 뒷동산
㉰ ④ 소꿉놀이
㉱ ⑦ 신랑
㉲ ⑥ 놀러 가자

● 이 글의 제목은?

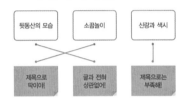

> **해설**
> • **뒷동산의 모습** : 제시문에는 뒷동산에 놀러 가서 꽃도 따고 소꿉놀이도 하자고 하였습니다. 그러나 뒷동산의 모습은 전혀 나타나 있지 않으므로 이것은 글의 내용과 상관없는 제목입니다.
> • **소꿉놀이** : 제시문은 어린아이들이 소꿉놀이를 하는 모습을 노래하듯이 재미있게 표현한 것입니다. 그러므로 이것이 알맞은 제목입니다.
> • **신랑과 색시** : 신랑과 색시의 역할을 나누는 것은 소꿉놀이의 과정 중 하나입니다. 조가비로 솥을 거는 등 소꿉놀이의 준비 과정은 담지 못하므로 이것은 부족한 제목입니다.

끄덕끄덕 공감하기

1. [예시]
　수영장, 수영하고, 간식 먹고

2. ②

> **해설**
> 조가비로 솥을 만든 것을 불쌍하게 생각하는 것은 이 전래 동요를 잘못 감상한 것입니다.

15회 | 73~76쪽

 글밥지도 그리기

- 가 ① 토끼 '토순이'
- 나 ③ 마른 풀
- 다 ⑤ 쳐다보지도 않았다.
- 라 ② 목욕을 시켜서
- 마 ⑧ 토끼가 스트레스를 받는다.

● 이 글의 제목은?

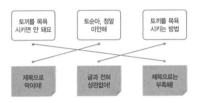

해설

- **토끼를 목욕시키면 안 돼요** : 제시문에는 토끼를 목욕시키면 토끼가 스트레스를 받거나 귀에 물이 들어가서 죽을 수도 있다고 나타나 있습니다. 그러나 제시문에서 중요한 내용은 이러한 사실을 알려 주는 것보다, 아픈 토순이를 보며 글쓴이가 느낀 마음이 더 중요합니다. 그러므로 이것은 부족한 제목입니다.
- **토순아, 정말 미안해** : 제시문은 자신의 실수 때문에 아픈 토순이를 보며 미안한 마음과 앞으로의 다짐 등을 쓴 일기입니다. 그러므로 이것이 알맞은 제목입니다.
- **토끼를 목욕시키는 방법** : 제시문에는 토끼를 목욕시키면 안 된다고 나타나 있습니다. 그러므로 토끼를 목욕시키는 방법은 글의 내용과 상관없는 제목입니다.

 끄덕끄덕 공감하기

1. ① 걱정스럽다. ② 미안하다.

2. ②

해설

제시문에서 토끼를 목욕시키면 토끼가 스트레스를 받거나 귀에 물이 들어가서 죽을 수도 있다고 하였으므로, 귀에 물이 들어가지 않게 목욕을 시켰을 것이라는 감상은 글의 내용을 잘못 이해한 것입니다.

16회 | 77~80쪽

 글밥지도 그리기

- 가 ① 용소골
- 나 ③ 작은 연못
- 다 ⑤ 솟대
- 라 ⑧ 볍씨 주머니를 매달아 놓은 장대
- 마 ④ 옛날 사람들의 무덤

● 이 글의 제목은?

해설

- **우리 마을 사람들의 직업** : 제시문에는 마을 사람들의 직업에 대하여 전혀 나타나 있지 않습니다. 그러므로 이것은 글의 내용과 상관없는 제목입니다.
- **우리 마을 '용소골'** : 제시문은 글쓴이가 사는 마을인 '용소골'의 이름과 특징, 마을에 대한 느낌 등을 소개하는 글입니다. 그러므로 이것이 알맞은 제목입니다.
- **우리 마을의 고인돌** : 글쓴이가 사는 마을의 언덕에는 옛날 사람들의 무덤인 고인돌이 있습니다. 그러나 고인돌은 마을을 소개하는 내용 중 하나이며 마을 전체의 특징을 담지 못하므로 부족한 제목입니다.

 요목조목 따져보기

1. [예시]
　우리 마을 이름은 김포야, 공항과 넓은 논밭이 있어.

2. ④

해설

옛날 사람들의 무덤인 고인돌을 통해 아주 오랜 옛날부터 '용소골'에 사람이 살았다는 것을 알 수 있습니다. 그러나 이 글에서 돌이 많았다는 사실은 알 수 없습니다.

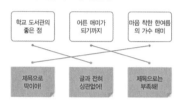 **글밥지도 그리기**

가 ② 곤충들의 세계
나 ④ 매미
다 ⑥ 알
라 ⑤ 애벌레
마 ⑦ 2주

● **이 글의 제목은?**

학교 도서관의 좋은 점	어른 매미가 되기까지	마음 착한 한여름 의 가수 매미

제목으로 딱이야!	글과 전혀 상관없어!	제목으로는 부족해!

> **해설**
> • **학교 도서관의 좋은 점** : 제시문에서 글쓴이는 학교 도서관에서 〈곤충의 세계〉라는 책을 읽었다고 하였습니다. 그러나 학교 도서관의 좋은 점은 전혀 나타나 있지 않으므로 이것은 글의 내용과 상관없는 제목입니다.
> • **어른 매미가 되기까지** : 제시문에는 알에서 어른 매미가 되기까지의 과정이 나타나 있습니다. 그러나 이것은 책을 읽고 난 후의 느낀 점을 담지 못하므로 부족한 제목입니다.
> • **마음 착한 한여름의 가수 매미** : 제시문은 〈곤충의 세계〉에 나온 여러 곤충 중 가장 인상 깊었던 매미의 한살이와 매미에 대하여 느낀 점을 쓴 글이므로 이것이 알맞은 제목입니다.

 끄덕끄덕 공감하기

1. [예시]
2주 동안 신 나게 노래해야지.

2. ④

> **해설**
> 독서 감상문을 쓸 때에는 책의 내용을 모두 쓸 필요가 없습니다. 가장 인상 깊은 내용과 자신의 느낌을 쓰는 것이 좋습니다.

 글밥지도 그리기

가 ① 여름
나 ⑤ 덥고 짜증이 난다.
다 ④ 신 난다.
라 ⑥ 여름방학을 해서
마 ⑧ 멋진 날씨

끄덕끄덕 공감하기

1. [예시]
• 좋아하는 계절 : 겨울
• 떠오르는 것 : 눈사람, 눈, 털장갑, 겨울 방학

2. ①

> **해설**
> 은미는 이번 가족 여행을 어디로 갈지 정말 궁금하다고 하였습니다. 지리산으로 가족 여행을 다녀온 것은 작년 여름입니다.

글밥지도 그리기

가 ② 내가 만약 선생님이라면
나 ④ 준모
다 ③ 금영
라 ⑥ 자유 시간
마 ⑦ 과학 실험 시간

● 이 글의 제목은?

해설

- **내가 만약 선생님이라면** : 제시문은 '내가 만약 선생님이라면'이라는 주제로 글쓴이와 친구들이 나눈 이야기를 쓴 일기입니다. 그러므로 이것이 알맞은 제목입니다.
- **우리 학교 시간표** : 제시문에 나타난 시간표는 학교 시간표가 아니라 글쓴이와 친구들이 상상한 시간표입니다. 그러므로 이것은 글의 내용과 상관없는 제목입니다.
- **즐거운 상상하기** : 글쓴이와 친구들은 선생님이 된다면 어떤 수업을 하고 싶은지에 대하여 상상하고 있습니다. 그러나 이 제목으로는 어떤 상상을 하는지 알 수 없으므로 부족한 제목입니다.

끄덕끄덕 공감하기

1. [예시]
   음악 시간, 영화 감상 시간, 게임 시간
2. ②

해설

일기는 하루 동안 있었던 일 중 가장 인상 깊은 일을 쓰는 것이므로 그날그날 써야 합니다. 일기를 주말에 한꺼번에 쓰는 것은 올바르지 않습니다.

글밥지도 그리기

가 ① 꽃게
나 ③ 살아 움직이는 게 신기해서
다 ④ 등딱지
라 ⑦ 열 개
마 ⑧ 다리를 떼어 버리고 도망간다.

● 이 글의 제목은?

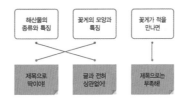

해설

- **해산물의 종류와 특징** : 제시문에 엄마께서 해산물을 잔뜩 사 오셨다고 나타나 있습니다. 그러나 해산물의 종류와 특징에 대한 내용은 전혀 나타나 있지 않으므로 이것은 글의 내용과 상관없는 제목입니다.
- **꽃게의 모양과 특징** : 제시문은 엄마께서 사 오신 꽃게를 직접 눈으로 보고 손으로 만져 보면서 관찰한 내용을 쓴 글입니다. 그러므로 이것이 알맞은 제목입니다.
- **꽃게가 적을 만나면** : 제시문에 꽃게가 적을 만나면 집게발을 무기로 사용한다고 나타나 있습니다. 그러나 이것은 꽃게의 생김새나, 암수 구별법 등을 담지 못하므로 부족한 제목입니다.

요목조목 따져보기

1. ① 암컷 ② 수컷
2. ④

해설

제시문에 게는 집게처럼 생긴 두 개의 집게발로 먹이를 잡고, 적을 만나면 무기로 사용한다고 나타나 있습니다. 그러나 게가 열 개의 다리를 모두 사용한다는 내용은 찾을 수 없습니다.

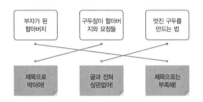

가 ② 할아버지, 할머니, 요정들
나 ③ 구두 가게
다 ④ 구두장이
라 ⑤ 요정들
마 ⑦ 옷

● 이 글의 제목은?

부자가 된 할아버지	구두장이 할아버지와 요정들	멋진 구두를 만드는 법

제목으로 딱이야!	글과 전혀 상관없어!	제목으로는 부족해!

해설

- **부자가 된 할아버지** : 할아버지는 요정들이 만들어 준 멋진 구두를 팔아 부자가 되었다고 하였습니다. 그러나 이것은 할아버지가 부자가 된 이후의 이야기(요정들에게 옷과 구두를 만들어 준 일 등)는 담지 못하므로 부족한 제목입니다.
- **구두장이 할아버지와 요정들** : 제시문은 요정들이 구두장이 할아버지에게 멋진 구두를 만들어 주고, 할아버지와 할머니는 요정들에게 보답하고자 옷과 신발을 만들어 준 이야기입니다. 그러므로 이것이 알맞은 제목입니다.
- **멋진 구두를 만드는 법** : 제시문에 요정들이 밤 열두 시에 나타나 멋진 구두를 만들었다고 나타나 있습니다. 그러나 구두를 만드는 방법은 나타나 있지 않으므로 이것은 글의 내용과 상관없는 제목입니다.

1. [예시]

2. ④

해설

제시문에서 옷과 신발을 멋지게 차려 입은 요정들은 춤을 추며 문 밖으로 나간 후 나타나지 않았다고 하였습니다. 그러므로 옷과 구두를 선물 받은 요정들이 더 멋진 구두를 만들어 주었다는 것은 어울리지 않는 내용입니다.

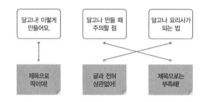

가 ⑥ 달고나 만드는 법
나 ④ 설탕
다 ③ 소다
라 ⑥ 약한
마 ⑦ 조금

● 이 글의 제목은?

달고나! 이렇게 만들어요.	달고나 만들 때 주의할 점	달고나 요리사가 되는 법

제목으로 딱이야!	글과 전혀 상관없어!	제목으로는 부족해!

해설

- **달고나! 이렇게 만들어요** : 제시문은 달고나 요리사가 달고나를 만드는 방법을 순서대로 설명하는 글입니다. 그러므로 이것이 알맞은 제목입니다.
- **달고나 만들 때 주의할 점** : 제시문에 달고나를 만들 때 주의할 점들 몇 가지가 나타나 있습니다. 그러나 주의할 점보다 달고나를 만드는 과정이 더 중요한 내용이므로 이것은 부족한 제목입니다.
- **달고나 요리사가 되는 법** : 제시문에 달고나 요리사가 되는 방법은 전혀 나타나 있지 않습니다. 그러므로 이것은 글의 내용과 상관없는 제목입니다.

 요목조목 따져보기

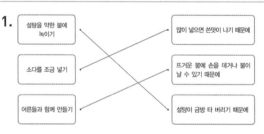

1.

설탕을 약한 불에 녹이기	많이 넣으면 쓴맛이 나기 때문에
소다를 조금 넣기	뜨거운 불에 손을 데거나 불이 날 수 있기 때문에
어른들과 함께 만들기	설탕이 금방 타 버리기 때문에

2. ①

해설

설탕을 녹이려면 설탕이 담긴 국자를 불에 달구어야 하므로 플라스틱 국자는 절대로 사용하면 안 됩니다.

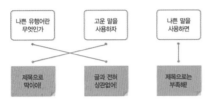 글밥지도 그리기

가 ⑥ 고운 말
나 ③ 유행어
다 ② 멋있는 줄 알고 사용한다.
라 ⑧ 밝은 생각과 따뜻한 마음
마 ⑦ 멀어지게 된다.

● **이 글의 제목은?**

```
┌──────────┐   ┌──────────┐   ┌──────────┐
│ 나쁜 유행어란 │   │  고운 말을  │   │  나쁜 말을  │
│   무엇인가   │   │  사용하자   │   │  사용하면   │
└──────────┘   └──────────┘   └──────────┘
      ╲            ╳              │
       ╲          ╱ ╲             │
┌──────────┐   ┌──────────┐   ┌──────────┐
│  제목으로   │   │  글과 전혀  │   │ 제목으로는  │
│   딱이야!   │   │  상관없어!  │   │   부족해!   │
└──────────┘   └──────────┘   └──────────┘
```

해설

· **나쁜 유행어란 무엇인가** : 제시문에 어린이들이 나쁜 유행어를 그대로 따라 한다고 나타나 있습니다. 그러나 나쁜 유행어가 무엇인지에 대한 것은 나타나 있지 않으므로 이것은 글의 내용과 상관없는 제목입니다.

· **고운 말을 사용하자** : 제시문은 어린이들의 언어 사용 문제점에 대한 자신의 주장과 그렇게 주장하는 까닭을 들어 쓴 글입니다. 주장하는 글의 제목에는 글쓴이의 주장이 담겨 있는 경우가 많으므로 이것은 알맞은 제목입니다.

· **나쁜 말을 사용하면** : 제시문에 나쁜 말을 사용하면 안 되는 까닭에 대하여 나타나 있습니다. 그러나 이것은 글쓴이의 주장을 담지 못하므로 부족한 제목입니다.

요목조목 따져보기

1. ③

2. ②

해설

제시문에 말은 우리의 생각과 마음에 영향을 준다고 나타나 있습니다. 고운 말을 쓰면 밝은 생각과 마음을 갖게 되고, 나쁜 말을 쓰면 폭력적이거나 어두운 성격을 갖게 된다는 것을 통해 말은 우리가 자라는 데 많은 영향을 준다는 것을 알 수 있습니다.

 글밥지도 그리기

가 ① 목장 체험
나 ③ 씽씽 목장
다 ④ 소똥 치우기
라 ⑦ 우유

● **이 글의 제목은?**

```
┌──────────┐   ┌──────────┐   ┌──────────┐
│ 우유의 소중함 │   │ 목장에서 일하는│   │ 소망초등학교  │
│    알기    │   │    사람들   │   │ 어린이들의  │
│            │   │            │   │  목장 체험  │
└──────────┘   └──────────┘   └──────────┘
      ╲            ╳              ╱
       ╲          ╱ ╲           ╱
┌──────────┐   ┌──────────┐   ┌──────────┐
│  제목으로   │   │  글과 전혀  │   │ 제목으로는  │
│   딱이야!   │   │  상관없어!  │   │   부족해!   │
└──────────┘   └──────────┘   └──────────┘
```

해설

· **우유의 소중함 알기** : 제시문에 어린이들이 우유의 소중함을 알도록 하기 위해 목장 체험을 마련했다고 나타나 있습니다. 그러나 이것은 목장 체험을 한 목적에 해당하며, 언제, 어떻게 목장 체험을 했는지에 대한 내용은 담지 못하므로 부족한 제목입니다.

· **목장에서 일하는 사람들** : 제시문에 목장에서 일하는 사람에 대한 내용은 전혀 나타나 있지 않습니다. 그러므로 이것은 글의 내용과 상관없는 제목입니다.

· **소망초등학교 어린이들의 목장 체험** : 제시문은 소망초등학교 어린이들이 언제, 어디서, 어떻게, 왜 목장 체험을 했는지를 쓴 기사문입니다. 그러므로 이것은 알맞은 제목입니다.

요목조목 따져보기

1. ① 신기했어요.
　　② 뿌듯했어요.

2. ①

해설

제시문에 소망초등학교 어린이들이 지난 6월 7일부터 9일까지 충청남도에 있는 씽씽목장에서 목장 체험을 한 것에 대하여 쓴 기사문입니다. 기사문은 상상하여 쓰는 것이 아니라 실제로 일어난 사실을 써야 합니다.

가 ② 소방서
나 ③ 반 아이들
다 ⑤ 안전 의식
라 ⑥ 종합 상황실
마 ⑧ 소화기로 불 끄기

● 이 글의 제목은?

| 119 신고 전화 | 소방서를 다녀와서 | 소화기를 사용하는 방법 |

| 제목으로 딱이야! | 글과 전혀 상관없어! | 제목으로는 부족해! |

해설
• **119 신고 전화** : 제시문에 119 신고 전화를 받는 종합 상황실과 장난으로 119 신고 전화를 하는 것이 왜 위험한지에 대하여 나타나 있습니다. 그러나 이것은 소방서에서 보고 듣고 경험한 것들을 담지 못하므로 부족한 제목입니다.

• **소방서를 다녀와서** : 제시문은 소방서를 견학하면서 보고 듣고 느끼고 경험한 것을 쓴 글입니다. 그러므로 이것은 알맞은 제목입니다.

• **소화기를 사용하는 방법** : 제시문에 소화기 사용법을 배우고 직접 불을 꺼 보았다고 나타나 있습니다. 그러나 소화기 사용법에 대한 내용은 전혀 나타나 있지 않으므로 이것은 글의 내용과 상관없는 제목입니다.

 요목조목 따져보기

1. 경찰, 군인
2. ④

해설
제시문에 불이 났다고 장난 전화를 하면 출동을 하느라 많은 돈이 낭비되고, 빨리 구해야 할 사람을 구하지 못해 죽을 수도 있다고 나타나 있습니다. 그러므로 장난 전화를 하면 안 됩니다.

가 ① 옷
나 ③ 몸을 보호한다.
다 ⑥ 목까지 감싸고 두텁다.
라 ⑤ 삼베, 무명, 솜
마 ⑧ 여러 가지 색

● 이 글의 제목은?

| 사계절의 특징 | 기후에 따라 달라지는 옷 | 우리나라 옷의 특징 |

| 제목으로 딱이야! | 글과 전혀 상관없어! | 제목으로는 부족해! |

해설
• **사계절의 특징** : 제시문에 사계절의 특징은 전혀 나타나 있지 않습니다. 그러므로 이것은 글의 내용과 상관없는 제목입니다.

• **기후에 따라 달라지는 옷** : 제시문은 옷이 기후에 영향을 받으며 기후에 따라 옷의 모양, 재료, 색깔 등이 어떻게 달라지는지 설명하는 글입니다. 그러므로 이것은 알맞은 제목입니다.

• **우리나라 옷의 특징** : 제시문에 우리나라는 사계절의 변화가 뚜렷하여 계절에 따라 옷의 재료가 다르고, 옷 색깔도 여러 가지라고 나타나 있습니다. 그러나 이것은 더운 지방의 옷의 특징과 추운 지방의 옷의 특징을 담지 못하므로 부족한 제목입니다.

 요목조목 따져보기

1. ① 나뭇잎 ② 털 ③ 화학 섬유
2. ③

해설
제시문의 중심 내용은 옷은 기후에 따라 모양이나 색깔, 재료 등이 다른 것입니다. 중심 내용을 설명하기 위해 더운 지방의 옷, 추운 지방의 옷, 우리나라와 같이 사계절이 뚜렷한 지방의 옷을 예로 들었습니다.

글밥지도 그리기

⑦ ① 줄넘기하는 모습
④ ④ 꼬마야
⑤ ⑥ 한 발 들기
⑥ ⑦ 만세 부르기

● 이 글의 제목은?

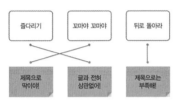

줄다리기   꼬마야 꼬마야   뒤로 돌아라

제목으로 딱이야!   글과 전혀 상관없어!   제목으로는 부족해!

> **해설**
>
> • **줄다리기** : 제시문은 줄넘기를 하면서 부르던 전래 동요입니다. 그러므로 이것은 글의 내용과 상관없는 제목입니다.
>
> • **꼬마야 꼬마야** : 제시문에는 '꼬마야 꼬마야'가 반복되어 나타납니다. 전래 동요는 반복되는 말을 제목으로 사용하는 경우가 많습니다. 그러므로 이것은 알맞은 제목입니다.(전래 동요는 정해진 제목이 없는 경우가 많으므로 노래의 특징을 가장 잘 나타낼 수 있는 것을 제목으로 정합니다.)
>
> • **뒤로 돌아라** : '뒤로 돌아라'는 줄넘기를 하면서 하는 여러 가지 동작 중 하나입니다. 그러므로 이것은 부족한 제목입니다.

 끄덕끄덕 공감하기

1. [예시]
   옆으로, 두 팔, 무릎, 발, 노래
2. ①

> **해설**
>
> 제시문은 아이들이 줄넘기를 하면서 즐겁게 부르던 노래이므로 힘들어하는 표정이 떠오른다는 것은 어울리지 않습니다.

 글밥지도 그리기

⑦ ① 양초
④ ③ 깊은 산골
⑤ ④ 양초를 나누어 주었다.
⑥ ⑧ 양초를 처음 본 것을 들킬까 봐
⑦ ⑦ 무식하다는 소리를 들을까 봐

● 이 글의 제목은?

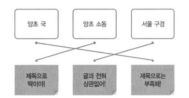

양초 국   양초 소동   서울 구경

제목으로 딱이야!   글과 전혀 상관없어!   제목으로는 부족해!

> **해설**
>
> • **양초 국** : 제시문에 훈장이 양초로 국을 끓여 마을 사람들과 나누어 먹는 내용이 있습니다. 그러나 양초 때문에 일어난 여러 가지 일들을 담지 못하므로 이것은 부족한 제목입니다.
>
> • **양초 소동** : 제시문은 양초를 처음 본 훈장과 마을 사람들이 양초 국을 먹고, 뱃속에 불이 날까 봐 물에 뛰어드는 내용입니다. 양초 때문에 일어난 소동이므로 이것은 알맞은 제목입니다.
>
> • **서울 구경** : 제시문에서 나오긴 했지만 서울 구경에 대한 세세한 내용은 전혀 나타나 있지 않습니다. 그러므로 이것은 글의 내용과 전혀 상관없는 제목입니다.

 끄덕끄덕 공감하기

1. ① 3 ② 1 ③ 4 ④ 2
2. ②

> **해설**
>
> 마을 사람들이 양초 국을 먹고 괴로워하고, 뱃속에 불이 날까 봐 물속에 뛰어든 것은 양초를 처음 보면서도 귀한 생선이라고 아는 척을 했던 훈장 때문입니다. 그러므로 제시문의 교훈은 '모르는 것을 아는 척하지 말자.'는 것입니다.

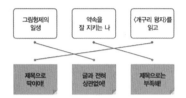

㉮ ① 개구리 왕자
㉯ ③ 그림형제
㉰ ④ 브레멘 음악대
㉱ ⑥ 황금공
㉲ ⑧ 약속

● 이 글의 제목은?

```
┌──────────┐   ┌──────────┐   ┌──────────┐
│ 그림형제의 │   │  약속을   │   │〈개구리 왕자〉를│
│   일생    │   │ 잘 지키는 나│   │   읽고    │
└──────────┘   └──────────┘   └──────────┘
                   (선 교차)
┌──────────┐   ┌──────────┐   ┌──────────┐
│ 제목으로  │   │ 글과 전혀 │   │ 제목으로는 │
│  딱이야!  │   │ 상관없어! │   │  부족해!  │
└──────────┘   └──────────┘   └──────────┘
```

해설

- **그림형제의 일생** : 제시문에 〈개구리 왕자〉를 쓴 그림형제의 또 다른 작품이 나타나 있습니다. 그러나 그림형제의 일생에 대한 내용은 전혀 나타나 있지 않으므로 이것은 글의 내용과 상관없는 제목입니다.
- **약속을 잘 지키는 나** : 제시문에 친구와 약속을 잘 지키려고 노력한다고 나타나 있습니다. 그러나 이것은 책을 읽고 난 후 자신의 생각을 쓴 것이며, 책의 내용을 담지 못하므로 부족한 제목입니다.
- **〈개구리 왕자〉를 읽고** : 제시문은 그림형제의 〈개구리 왕자〉를 읽고, 책의 줄거리와 책을 읽고 난 후 자신의 생각을 쓴 것입니다. 그러므로 이것은 알맞은 제목입니다.

 끄덕끄덕 공감하기

1. [예시]
　하루에 한 권씩 책을 읽겠다는 약속을 어겼어.

2. ④

해설

〈개구리 왕자〉 이야기에는 약속을 잘 지키자는 교훈이 담겨 있어요. 동물을 사랑하자는 것은 글의 주제와 멉니다.

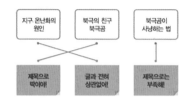

㉮ ① 북극곰
㉯ ③ 까만색
㉰ ⑤ 400~600
㉱ ⑦ 발바닥의 털
㉲ ⑧ 바다표범

● 이 글의 제목은?

```
┌──────────┐   ┌──────────┐   ┌──────────┐
│ 지구 온난화의│   │ 북극의 친구 │   │ 북극곰이  │
│   원인    │   │   북극곰   │   │ 사냥하는 법 │
└──────────┘   └──────────┘   └──────────┘
         (선 교차)
┌──────────┐   ┌──────────┐   ┌──────────┐
│ 제목으로  │   │ 글과 전혀 │   │ 제목으로는 │
│  딱이야!  │   │ 상관없어! │   │  부족해!  │
└──────────┘   └──────────┘   └──────────┘
```

해설

- **지구 온난화의 원인** : 제시문에 지구 온난화 때문에 머지않아 북극곰을 볼 수 없을지도 모른다고 나타나 있습니다. 그러나 지구 온난화가 일어나는 원인은 나타나 있지 않으므로 이것은 글의 내용과 상관없는 제목입니다.
- **북극의 친구 북극곰** : 제시문은 북극에 사는 북극곰이 자신의 특징과 먹이, 사냥법 등을 소개하는 글입니다. 그러므로 이것은 알맞은 제목입니다.
- **북극곰이 사냥하는 법** : 제시문에 북극곰이 바다표범을 사냥하는 방법이 나타나 있습니다. 그러나 이것은 북극곰의 생김새, 추위를 견딜 수 있는 까닭 등을 담지 못하므로 부족한 제목입니다.

 요목조목 따져보기

1. ① 북극곰 ② 북극 ③ 바다표범 ④ 사냥꾼

2. ③

해설

북극곰은 털이 눈 색깔과 같은 하얀색이어서 북극에서 살아가기에 좋습니다. 북극곰이 먹이를 잡으러 눈 위를 살금살금 걸어가도 먹이가 눈치채지 못하기 때문입니다.